Frauen in der Informationsgesellschaft
FLIEGEN oder SPINNEN im Netz?

CORINNA BATH / BARBARA KLEINEN (HG.)

# FRAUEN IN DER INFORMATIONS-GESELLSCHAFT

## FLIEGEN ODER SPINNEN IM NETZ?

NUT – FRAUEN IN NATURWISSEN-SCHAFT UND TECHNIK E.V.

SCHRIFTENREIHE • BAND 4 • 1997

talheimer

NUT – Schriftenreihe Band 4
hrsg. von Frauen in Naturwissenschaft und Technik e.V.

Die Deutsche Bibliothek – CIP-Einheitsaufnahme

Frauen in der Informationsgesellschaft : Fliegen oder Spinnen im Netz? / Corinna Bath/Barbara Kleinen (HG.). - Mössingen-Talheim : Talheimer Verl., 1997
(Schriftenreihe NUT - Frauen in Naturwissenschaft und Technik e.V. ; Bd. 4)
ISBN 3-89376-071-7



Talheimer Verlag
Satz und Vertrieb GmbH
72116 Mössingen-Talheim, Rietsweg 2

Umschlaggestaltung: Töpfl Grafik + Design, Tittmoning
Satztechnische Erstellstung und Gestaltung: Talheimer Verlag
Druck: MD-Offsetdruck GmbH, Pliezhausen
ISBN 3-89376-071-7

# Inhalt

*Corinna Bath, Barbara Kleinen*

# Einleitung

Auf die neuen Informations- und Kommunikationstechnologien (IuK-Technologien) werden derzeit große Hoffnungen gesetzt: Neue Märkte sollen erschlossen, die Globalisierung durch weltweite Vernetzung unterstützt und der Wandel hin zu einer ,Informationsgesellschaft' möglich werden, deren wichtigster Wirtschaftsfaktor Information ist.

Die IuK-Technologien sollen Einfluß auf alle Lebensbereiche haben: Das Privatleben und das Freizeitverhalten werden sich ebenso verändern wie die sozialen Beziehungen und Kommunikationsstrukturen; betroffen sein werden Bereiche wie Verkehr, Medizin, Aus- und Weiterbildung. Vor allem wird sich der Bereich Arbeit wandeln - sowohl in Hinblick auf die globale und gesellschaftliche Verteilung von Arbeit als auch auf die Gestaltung der individuellen Arbeitstätigkeiten. Die prognostizierten Umwälzungen sind so weitreichend, daß ein Vergleich mit dem Übergang von der Agrar- zur Industriegesellschaft gerechtfertigt erscheint.

Die Beteiligung von Frauen an den neuen IuK-Technologien scheint durchweg gering zu sein. So beträgt etwa ihr Anteil an der Nutzung von Computernetzen in Deutschland je nach Schätzung 5-20 %. Wie auch in anderen gesellschaftlich maßgeblichen Bereichen sind Frauen bei der Konstruktion und Gestaltung der neuen Technologien unterrepräsentiert. Damit haben Frauen bislang aber auch wenig Möglichkeiten, auf den Veränderungsprozeß hin zur ,Informationsgesellschaft' einzuwirken.

Die Bedeutung, die der Wandel für das Geschlechterverhältnis haben kann, wird bisher besonders von Wirtschaft und Politik weitgehend ignoriert. Selbst die wenigen öffentlichen Diskussionen, die derzeit über ‚Frauen und Informationstechnologien' und dabei insbesondere über ‚Frauen und Internet' stattfinden, werden den prognostizierten gesellschaftlichen Veränderungen selten gerecht. Besteht etwa das Anliegen allein darin, Frauen Praxiskompetenz zu vermitteln, sie ‚für die Technik fit zu machen', so bleibt der Blick auf die politische Relevanz der Entwicklungen verstellt. Da das Thema bereits in technischer Hinsicht sehr komplex ist, scheinen die Diskussionen häufig in technischen Details stecken zu bleiben. Auch die mitunter geäußerte Forderung nach einem grundsätzlichen Pro- oder Kontra-Bekenntnis reflektiert nicht die Tragweite der neuen Technologien. Denn unabhängig davon, ob Frauen sie benutzen und mitgestalten oder nicht: Die IuK-Technologien werden den Alltag vieler Frauen verändern.

Um die Auswirkungen der neuen Technologien zu beurteilen, ist ein von der konkreten Benutzung distanzierter Blick notwendig, der sich auf die gesamtgesellschaftlichen Transformationen richtet und die Interessen aller berücksichtigt. Zwar ist ein technisches Grundwissen Voraussetzung für eine Auseinandersetzung um die Einflußmöglichkeiten von Frauen, es kann diese aber nicht ersetzen. Wir möchten mit diesem Buch sowohl zu einem technischen Grundverständnis im Sinne kritischer Aneignung als auch zu einer weitgefächerten Debatte um die Auswirkungen und Chancen beitragen, die eine Verbreitung der neuen IuK-Technologien auf die Gesellschaft und besonders für Frauen haben kann.

Die Idee, diesen Band der Schriftenreihe des Vereins Frauen in Naturwissenschaft und Technik (NUT e.V.) dem Themenbereich den neuen Informations- und Kommunikationstechnologien zu widmen, entstand im Anschluß an die Tagung ‚Frauen: FLIEGEN oder SPINNEN im Netz? – Computernetze aus feministischer Sicht', die im November 1996 in Berlin stattfand.

Der gemeinsame Titel von Tagung und Buch enthält eine gewollte Doppeldeutigkeit: In der Lesart „fliegen oder spinnen im Netz“ wollen wir sowohl Einblick in die Möglichkeiten seiner Nutzung (im Netz zu fliegen) als auch Anregungen zum Weiterweben und Weiterspinnen an einer weltweiten Vernetzung geben. „Fliegen oder Spinnen im Netz“ verweist auf die Frage, ob Frauen eher die Verliererinnen oder die Gewinnerinnen der ‚Informationsgesellschaft‘ sein werden.

Das Konzept der Tagung, die Vermittlung von technischem Hintergrundwissen mit einer weiterführenden Diskussion um die Folgen und Einflußmöglichkeiten von Frauen zu verbinden, wurde begeistert angenommen. Der erste Tag ermöglichte es den Teilnehmerinnen, die Nutzungs- und Gestaltungsräume von Computernetzen kennenzulernen.[1] Die Diskussionen am zweiten Tag profitierten von den erworbenen Praxiskompetenzen und selbsttätig gewonnenen Erfahrungen. Im Vordergrund der Auseinandersetzungen standen dabei die gesellschaftliche Bedeutung der IuK-Technologien und die Gestaltungsmöglichkeiten für Frauen.[2]

Die Beiträge dieses Buches basieren auf den Vorträgen und einem Teil der Diskussionen der Tagung, wobei wir das Themenspektrum um die Beiträge von Heidi Schelhowe und Gabriele Winker ergänzt haben.

Barbara Kleinen bietet in *Frauenwelt Internet* einen ersten Eindruck von den Inhalten und Anwendungen des Internet für Frauen. Dabei charakterisiert sie die Internetdienste WWW, E-mail und News bezüglich ihrer technischen Besonderheiten und der sich daraus ergebenden Einsatzmöglichkeiten.

Barbara Schelkle führt die Leserin *Hinter die Kulissen des Internet*. Um den Gebrauch zu unterstützen, liefert sie ein fundiertes Hintergrundwissen darüber, wie die Internettechnologie funktioniert. Erklärt werden Adressierungen, Übertragungsprotokolle und Vorgänge bei Aufruf einer WWW-Seite.

Nora Bugdoll erzählt aus der Geschichte der Mailboxvernetzung in Deutschland, von den *Dörfer(n) am Rande der Daten-*

---

1 Auf der Tagung war das Ausprobieren der Internetdienste WWW, E-mail und News sowie des Frauenmailboxnetzes WOMAN möglich.

2 Ein ausführlicher Tagungsbericht findet sich im Jahresbericht 1996/97 des Vereins Frauen in Naturwissenschaft und Technik (NUT e.V.).

*autobahn*. Mailboxvernetzung ist das Ergebnis einer basisdemokratischen Gegenbewegung zum Internet, welches zunächst nur Universitäten und dem Militär zu Verfügung stand. Mit der einfachen Mailboxtechnik, die manchen überholt scheint, lassen sich technisch, finanziell und inhaltlich autonome Frauennetze realisieren.

Barbara Kleinen fragt nach dem *Körper im Internet* und bezieht dazu zunächst die Leserin in ein textbasiertes Abenteuerspiel (MUD) ein. Deutlich wird, wie fragwürdig die Grenzen zwischen Körper und Geist, Virtuellem und Realem und schließlich zwischen Frauen und Männern sind.

Corinna Bath fordert, die *Informationstechnologien (zu) entmystifizieren*! In ihrem Beitrag schildert sie, wie in der öffentlichen Diskussion durch Zuschreibungen und Schlagworte die Potentiale und Gefahren der IuK-Technologien verschleiert werden. Damit Frauen auf die politischen Aushandlungsprozesse um die neuen Technologien Einfluß nehmen können, erscheint es ihr notwendig, einen realistischen Blick auf die IuK-Technologien zu werfen, statt sich durch Schreckbilder fernhalten zu lassen.

Tanja Paulitz betrachtet den feministischen Internetdiskurs und hinterfragt die Sinnhaftigkeit der Alternative *Aneignung oder Ablehnung*. Wie wenig von einem kollektiven ‚Wir‘ der Frauen ausgegangen werden kann, insbesondere in bezug auf ein globales Medium, verdeutlicht sie anhand eines Berichts über ein Frauenprojekt in Südosteuropa. Die Möglichkeit, über eine Aneignung oder Ablehnung der neuen Technologien entscheiden zu können, zeugt von einer privilegierten Situation.

In ihrem Beitrag *Die Krise für Veränderung nutzen!* deutet Heidi Schelhowe die Umbrüche, die mit den neuen Technologien einhergehen, als Krise patriarchaler Strukturen. Anzeichen dieser Krise sieht sie darin, daß die Verknüpfung von Technik mit Männlichkeit aufweicht, daß sich das Verhältnis von Privatheit und Öffentlichkeit ändert und daß feste Identitäten fragwürdig erscheinen. Dabei argumentiert sie aus einer kritischen Innensicht der Informatik. Dieser Beitrag ruft Frauen dazu auf, die aufgezeigten Veränderungen als Chance zu begreifen, die Geschlechterhierarchie aufzubrechen.

Gabriele Winker charakterisiert in *Flexible Arbeit in der Informationsgesellschaft - neue Chancen für weibliche Lebensentwürfe?* die durch IuK-Technologien veränderte Arbeitswelt. Sie zeigt, daß die gegenwärtige Entwicklung zu einer Erosion des Normalarbeitsverhältnisses - bislang Grundlage und Legitimation patriarchaler Arbeitsteilung - führt. Auch ihr geht es darum, die Umwälzungen als Chance wahrzunehmen. Eine generelle Arbeitszeitverkürzung auf 25 Wochenstunden, eine individuelle Zeitsouveränität und eine räumliche Flexibilität durch alternierende Telearbeit böte Frauen und Männern die Möglichkeit, sich individuell zu entfalten und unterschiedliche Interessen in ihren Lebensentwürfen zu integrieren.

Eine praktische Einführung in die Benutzung des Internet haben wir aufgrund des erforderlichen Umfangs und der Aktualität nicht in den Band aufgenommen. Sie erscheint als eigenständiger Reader: „Zugang zum Internet“ von Barbara Hohensee und ist über die Geschäftsstelle von NUT e.V. zu beziehen.

## Dank

An der Entstehung dieses Schriftenreihebandes waren viele Frauen beteiligt. Bei der Planung des Buches unterstützten uns Dagmar Heymann und Eva Tulp aus der Schriftenreihe-AG des Vereins Frauen in Naturwissenschaft und Technik. Die Beiträge lektorierten Petra Döll, Bärbel Maessen, Elisabeth Krenzien, Valeska Russo und besonders Bettina Törpel, die uns auch darüber hinaus ermutigte und beistand. Die Idee zum Titel kam von Sabine Piller. Viele weitere Vereinsfrauen, insbesondere auch die Teilnehmerinnen und Organisatorinnen der zugrundeliegenden Tagung, haben mit Diskussion und Ideen zu diesem Buch beigetragen. Nicht zuletzt wäre dieser Band ohne die Unterstützung durch Irene Scherer vom Talheimer Verlag nicht zustande gekommen. Ihnen allen sei hier gedankt!

*Barbara Kleinen*

# Frauenwelt Internet

Zum Thema ‚Frauen und Internet' tauchen die gleichen Fragestellungen auf, die auch schon im Kontext ‚Frauen und Computer' sowie „Frauen und Technik' bekannt sind: Warum interessieren sich Frauen weniger dafür als Männer? Haben Frauen einen anderen Zugang oder gar ‚Defizite', die ihnen den Umgang mit den neuen Technologien erschweren?

Neu erscheint mir hingegen die gezielte Frage nach frauenspezifischen Angeboten im Netz. Anders ist auch, daß die Überzahl von Männern im Netz für die Benutzerin nicht so offensichtlich ist, wie z.B. für Technikerinnen am Arbeitsplatz oder für die Computerkäuferin im Computerladen - und damit auch weniger störend.

Zunächst widme ich mich einigen ‚Gerüchten' über Frauen und das Internet, die ich bezogen auf das World Wide Web (WWW), durch das Internet über Universitäts- und Forschungskreise hinaus bekannt wurde, diskutiere und teilweise widerlege. Im zweiten Teil gehe ich etwas genauer auf die - in der alltäglichen Benutzung nicht nur für Frauen weit interessanteren - Internetdienste E-mail und News ein.

## Drei Gerüchte über ‚Frauen und Internet'

### *1. Gerücht: Es gibt wenig Frauen im Internet*

Häufig ist zu hören, daß Frauen im Internet unterrepräsentiert sind. Allerdings weiß keine so genau, wie viele es tatsächlich sind - und bezogen auf die große Zahl der NutzerInnen ergibt selbst eine niedrige Schätzung von 10 % eine unüberschaubare Menge von ‚Frauen im Internet' - von Frauen, die E-mail, News und das WWW nutzen sowie selber Informationen und Dienste anbieten. Die Anzahl von frauenspezifischen Angeboten im WWW ist inzwischen so groß geworden, daß es unmöglich ist, einen Überblick darüber zu geben.[1] Laßt einfach eine beliebige Suchmaschine[2] nach einer Kombination von Begriffen, die das Wort ‚Frauen' enthält, suchen, und seht selbst.

Das Angebot reicht dabei von schwarz-grauen Informationsseiten bis hin zu grafisch und technisch anspruchsvollen Unterhaltungsseiten - mit allen Zwischenschattierungen. „Missing Link" und „Human Voices" von Claudia Klinger[3], „Geekgirl"[4], „A Dyke's World"[5] oder die „Emanzenseite"[6] sind nur einige Beispiele dafür, daß Frauen das Medium in unterschiedlicher Weise zu nutzen und zu gestalten wissen.

Angesichts dieser Vielfalt erscheint ein möglicherweise geringer Prozentsatz von Frauen, die das Internet nutzen, zweitrangig. Im Internet kann ich einfacher als anderswo sonst selektieren und mich allein auf Frauen beziehen - die absolute Zahl von Frauen, die das Internet bereits nutzen und mitgestalten, ist außerordentlich groß.

---

1 In einem Koryphäe-Artikel habe ich das Mitte 1996 noch versucht. Obwohl inzwischen viele WWW-Seiten dazugekommen sind, eignet sich dieser Aufsatz immer noch für einen ersten Einstieg: Barbara Kleinen: Frauenwelt Internet?! In: Koryphäe. Medium für Frauen in Naturwissenschaft und Technik, Oktober 1996.
Im WWW unter: http://tal.cs.tu-berlin.de/~babajaga/fwi/fwi.html

2 Z.B. http://altavista.digital.com – weitere Suchmaschinen und Kataloge: http://tal.cs.tu-berlin.de/~babajaga/suche/

3 Missing Link: http://www.snafu.de/~klinger/missing.htm; Human Voices: http://ourworld.compuserve.com/homepages/CKlinger/

4 http://final.sausage.com/geekgirl/

5 http://www.qworld.org/DykesWorld/index3.html

6 http://members.aol.com./emanzen/index.htm

*2. Gerücht:*
*Das Internet bietet leicht zugängliche Informationen*

Durch die Möglichkeit, Webseiten grafisch übersichtlicher zu gestalten und durch die Integration anderer Internetdienste[7] bietet das WWW einen leichteren Zugang auf die über das Internet verfügbaren Informationen - das früher notwendige Eintippen kryptischer Kommandozeilen wurde durch eine Oberfläche ersetzt, die heute üblichen grafischen Bedienungsoberflächen ähnlich ist. Obwohl auf der technischen Seite das WWW nicht mit dem Internet gleichzusetzen ist, ist dies von der Anwendungsseite nicht ganz falsch, da es die meisten anderen Internetdienste unter einer Oberfläche vereint.

Die Grundlagen für das WWW wurden 1993 am Kernforschungszentrum CERN in Genf gelegt, mit der Entwicklung des Übertragungsprotokolls http[8] und der Seitenbeschreibungssprache HTML[9]. HTML und http legen fest, wie die Webseiten mit (Hyper-)Links verknüpft werden, Grafiken enthalten, sehr eingeschränkt gestaltet werden und schließlich über das Netz geladen werden können. Als sogenannter ‚offener Standard' bilden sie damit ein Regelwerk, auf dessen Grundlage von beliebiger anderer Seite Tools (Programme) geschrieben werden können, die diese Aufgaben dann tatsächlich erledigten - Webserver, Webbrowser und HTML-Editoren. Dadurch entstand eine große Vielfalt an Programmen für alle Plattformen (Betriebssysteme), die teilweise kostenlos erhältlich sind.

HTML und http als offener Standard machen nicht nur das Abrufen, sondern auch das Bereitstellen von Informationen im Internet über das WWW einfach.[10] Diese Idee ist auf derartige

---

7 Wie ftp, email, archie oder telnet.

8 http: Hypertext Transfer Protocol (mehr über Protokolle: siehe den Beitrag von Barbara Schelkle in diesem Band).

9 HTML: HyperText Markup Language.

10 Im Grunde genügt dazu ein ständig mit dem Internet verbundener Computer. Um HTML- (also WWW-) Seiten zu erstellen, genügt ein gewöhnlicher Texteditor, der auf jedem Computer vorhanden ist. Jede Webseite hat einen weltweit eindeutigen Bezeichner, (URL - Uniform Resource Locator), der es ermöglicht, sie mit einer beliebigen anderen Seite irgendwo

Begeisterung gestoßen, daß die Zahl von Webseiten völlig unkoordiniert gewachsen ist. So ist es zwar richtig, daß sich im WWW viele Informationen finden lassen - das Auffinden derselben ist aber nicht immer leicht. Insofern wundert es nicht, daß das WWW weit davon entfernt ist, ein einheitliches und leicht zu durchsuchendes Informationssystem zu sein.

Zwar bieten verschiedene Firmen Internet-Kataloge an, in denen von einem Redaktionsteam gesichtete Seiten nach Kategorien aufgelistet werden - das bekannteste Beispiel dafür ist „Yahoo“[11], speziell für Frauen gibt es „WWWomen“[12] und „Femina“[13]. Natürlich kann keiner dieser Kataloge auch nur annähernd vollständig sein. Für populäre Themen wie z.B. Computer bieten sie jedoch einen guten Einstieg.

Suchmaschinen wie Altavista[14] oder Hotbot[15] hingegen führen eine reine Stichwortsuche in allen oder zumindest sehr vielen Webseiten durch - und finden potentiell mehr, aber auch mehr Unnützes[16].

Aber auch mit Katalogen und Suchmaschinen ist es mitunter schwierig, gewünschte Informationen zu finden. Abhilfe sollen sogenannte Push-Technologien bringen, die aktuelle Informationen - z.B. Nachrichten - automatisch auf den Bildschirm der Benutzerin transportieren[17]. Abgesehen davon, daß sie genauso wie bekannte ältere Medien zum wahllosen Konsumieren anregen, weil sie keine aktive Suche mehr voraussetzen, scheint

---

auf der Welt zu verknüpfen. <a href = http://tal.cs.tu-berlin.de/~babajaga> Barbaras Seite</a>, erzeugt z.B. einen Link auf meine Homepage. Dabei steht der ‚*tag*‘ ‚a href‘ (‚Anker: Hypertext Referenz‘) am Anfang einer Verknüpfung, ‚/a‘ kennzeichnet das Ende des Ankers.

[11] http://www.yahoo.com

[12] http://www.wwwomen.com/

[13] http://www.femina.com/

[14] http://altavista.digital.com

[15] http://www.hotbot.com

[16] Grundlage der Suchmaschinen ist eine von ‚Robotern‘, Programmen, die ständig durch das Netz wandern, zusammengestellte Sammlung von Webseiten. Auch Kataloge bieten häufig einen Suchdienst auf die - von Hand - katalogisierten Seiten an.

[17] Im Unterschied zur bestehenden ‚Pull‘-Technologie, bei der die Benutzerin die Informationen eigentätig ‚ziehen‘ muß.

die Hauptmotivation ihrer Entwicklung zu sein, endlich effizient Werbung über das Internet verbreiten zu können. Da die für Pushtechnologien notwendigen Programme teuer sind, wird die Auswahl der gesendeten Informationen von Geld abhängen. Dies alles wäre vielleicht noch nicht so schlimm - aber wie es aussieht, wird der ‚herkömmliche' WWW-Betrieb durch das erheblich höhere Datenaufkommen der Push-Technologien nicht unbeeinträchtigt bleiben.

Das WWW ist also kein organisiertes Informationssystem - und will auch gar keines sein. In seiner Unorganisiertheit und der Möglichkeit für nahezu alle, beliebige Informationen anzubieten, stellt es damit einen klaren Gegensatz zu herkömmlichen Push-Technologien, wie insbesondere zum Fernsehen, dar. Damit ist es ungewohnt in der Benutzung - die notwendige aktive Suche nach speziellen Informationen überrascht bei einem solch bunten Medium und muß genauso wie das Nutzen von Bibliotheken erlernt werden.

Die Frage, ob es einen ‚goldenen Mittelweg' zwischen den beiden Extremen Push- oder Pull-Technologie gibt, bleibt noch zu beantworten - wie auch die Frage, ob der Preis, der für die Strukturierung, Aufbereitung und Filterung durch in der Regel kommerziell orientierte Organisationen gezahlt werden muß, nicht generell zu hoch ist. Dies bedeutet nämlich fast immer, daß die gelieferten Informationen am Mainstream orientiert sind - der sich nicht für die Belange von Frauen als gesellschaftliche Gruppe interessiert. Das Maß, in dem ‚Frauenthemen' auch in der linken, ‚progressiven' Presse ignoriert werden, läßt eine Filterung durch beliebige Institutionen oder Redaktionen als wenig wünschenswert erscheinen.

### *3. Gerücht: Das Internet ist kommerziell*

Hohe BenutzerInnenzahlen weckten und wecken an vielen Stellen Hoffnung, mit dem Internet Geld zu verdienen.

Auch viele Frauen haben das Internet als Betätigungsfeld zum Geldverdienen entdeckt - sei es zum Anbieten diverser Produkte, durch das Bereitstellen einer frauenspezifischen Werbefläche wie bei „Frauen-Online“[18], dem Anbieten von speziellen Kursen für Frauen (Frauencomputerzentrum) oder durch das Anbieten internetbezogener Dienstleistungen, z.B. als „Web-Designerin“[19].

Obwohl sich inzwischen fast jedes größere Unternehmen um eine Präsenz im WWW bemüht, ist es für viele ungeklärt, wie groß der Nutzen tatsächlich ist. Im Gegensatz zu den neuen Push-Technologien wird die Möglichkeit, das Netz als demokratisches Medium zu gebrauchen, dadurch genauso wenig gestört wie durch Werbebanner. Der Satz „Das Hauptproblem mit dem Internet ist, daß niemand damit so recht Geld verdient“ scheint nach wie vor Gültigkeit zu haben.

Das Engagement, nichtkommerzielle, feministische Angebote ins WWW zu setzen, ist nach wie vor hoch. Neben zahlreicher Angebote im universitären Bereich[20] gibt es z.B. Stadtinformationen[21] oder Informationen vom Verein Frauen in Naturwissenschaft und Technik NUT e.V.[22].

Computergeschichtlich traditionell sind die BetreiberInnen von Mailboxnetzen[23] im linken, nichtkommerziellen Bereich aktiv, und die meisten bieten inzwischen auch Webseiten an. Über reine Informationen über das Mailboxnetz hinaus gehen z.B. die Webseiten von WOMAN[24]; im Kontext der Hamburger Frauenmailbox Fenestra ist das FrauenInternetProjekt Hamburg[25] entstanden.

---

18 http:/www.frauen-online.de

19 Z.B. Ann Bettina Schmitz: http:/www.web-publishing.de

20 Z.B. http://www.uni-bielfeld.de/IFF.fraueninfonetz/

21 Z.B. http://berlin.gay-web.de

22 Z.B. http://nut.woman.de

23 Mailboxnetze funktionieren unabhängig vom Internet (siehe dazu den Beitrag von Nora Bugdoll in diesem Band).

24 http://www.woman.de.

25 http://www.comlink.de/frauen.

# Mail-Listen und News:
# Anachronistisch und Schwarz-Weiß?

Während das WWW unaufhaltsam wächst und sich ungebrochenen medialen Interesses erfreut, existieren an seinem Rand die eigentlichen Kommunikationsforen des Internet, Mail-Listen und das Newssystem, friedlich und von den Medien weitgehend unbeachtet weiter. Hier hat sich die Technik in den letzten Jahren nicht nennenswert verändert; sie ist einfach, funktional und schwarz-weiß. Ich vermute, daß E-mail und News für die meisten regelmäßigen InternetnutzerInnen eine größere Rolle spielen als das WWW.

Mail-Listen und Newsgroups sind vom ‚Leseerlebnis' her ähnlich: Die Nachrichten, die ich schreibe, sind für alle Teilnehmerinnen lesbar, und ich kann mir die Nachrichten aller Nutzerinnen gesammelt ansehen, in der Regel über eine Liste, die Datum, Absenderin und Betreff der Nachrichten enthält.

Üblich sind sogenannte Threads, Diskussionsstränge, die sich am Betreff der Nachricht erkennen lassen. So sind in einer Mail-Liste bzw. in einer Newsgroup verschiedene Diskussionen zur selben Zeit möglich, die sich i.d.R. über viele Tage hinziehen und auch ‚Dauerbrenner' sein können. Bis eine Nachricht alle Teilnehmerinnen erreicht, können schon mal einige Minuten vergehen, und da viele Teilnehmerinnen ihre Mail ohnehin nur ein oder zwei Mal täglich lesen, bleibt - vom Rhythmus der Liste her - genug Zeit, in Ruhe alle Nachrichten zu lesen und Antworten zu schreiben.

Mail-Listen und Newsgroups unterscheiden sich vor allem in der technischen Realisierung. Mail-Listen - die nichts weiter sind als ein automatischer E-mail-Verteiler, der eingegangene Nachrichten an eine Liste von Empfängerinnen verteilt - müssen abonniert werden, d.h. bevor ich an der Liste teilnehmen kann, muß ich meine E-mail-Adresse auf den Verteiler setzen lassen. Das bedeutet zum einem, daß es möglich ist, die Liste auf gewünschte Teilnehmerinnen - z.B. Frauen - zu beschränken, und zum anderen, daß die Nachrichten der Mail-Liste ohne ein Filterprogramm im selben ‚Postfach' wie die (möglicherweise wichtigen) persönlichen E-mails landen, und deshalb auch regelmäßig gesichtet werden müssen. Newsgroups werden vom jeweiligen ‚Newsserver' (z.B. der Universität oder des Providers) bestellt und können dann von den einzelnen Nutzerinnen bei Bedarf eingesehen werden. Eine Beschränkung auf bestimmte Teilnehmerinnen ist hier in der Regel allerdings nicht möglich.[26]

Da sich Mail-Listen auf Frauen beschränken lassen, haben sich hier die lebendigsten Frauen- und Lesben-Diskussionsforen im Internet gebildet. Inzwischen wird es mehrere hundert allein im WWW dokumentierte Mail-Listen zu Frauenthemen geben, davon auch immer mehr deutschsprachige.

Angesichts dieser großen Zahl wundert es nicht, daß Mail-Listen sowohl im Inhalt als auch im ‚Ton' der Nachrichten stark variieren. So gibt es - auch in deutscher Sprache - alles: vom trockenen Tech-Talk über pragmatischen Informationsaustausch (z.B. Jobangebote), persönliche Gespräche bis hin zum albernen Nonsens. Wieviel Diskussion auf einer Liste zugelassen wird, hängt vom Bedürfnis und den Absprachen der Teilnehmerinnen ab.

Mail-Listen bieten die Möglichkeit, über große Entfernungen ein Netz von Gleichgesinnten aufzubauen. Nicht zuletzt, da durch das ‚Abonnement' die meisten Teilnehmerinnen zumindest regelmäßig mitlesen, entsteht eine virtuelle Gemeinschaft unabhängig vom geographischen Aufenthaltsort: Eine Frauenwelt im Internet.

---

[26] Mailbox(netze) bieten in der Regel auch E-mail (und damit auch Mail-Listen) und Newsgroups, die Mailboxintern ‚Bretter' heißen, an. In den Frauenmailboxnetzen werden viele Frauen-Mail-Listen direkt in Bretter geleitet, so daß sie von der Nutzerin nur noch am Namen (z.B. /WOMAN/LIST/FEMTEC-L) als Mail-Liste zu identifizieren sind.

Gerade für Naturwissenschaftlerinnen und Technikerinnen kann das Internet - ungeachtet des tatsächlichen Prozentsatzes von Nutzerinnen, seiner Eignung als Informationssystem und seiner kommerziellen Nutzung - ein Medium sein, in dem wir viele sind, um der alltäglichen Vereinzelung am Arbeitsplatz entgegenzuwirken.

*Barbara Schelkle*

# Hinter den Kulissen des Internet

## Eine kurze technische Einführung

Die Frage „Was ist das Internet?“ läßt sich in ganz unterschiedlicher Weise beantworten. In diesem Beitrag will ich eine technische Antwort anbieten, die für jede interessierte Nicht-Technikerin verständlich sein soll. Die technischen Grundlagen des Internet sind nicht so kompliziert wie sie mitunter dargestellt werden. Zur Bedeutung des Internet haben seine technischen Eigenheiten wesentlich beigetragen. Viele verschiedene Rechner weltweit nutzen eine einheitliche Technik der Datenübertragung, die *nicht* kommerziell bestimmt wurde, sondern auf offenen Standards beruht, an deren Entwicklung sich jede Interessierte beteiligen kann. Mit etwas Wissen um die Prinzipien und Begriffe des Internet muß nicht mehr alles ‚geglaubt‘ werden, was über das Internet von Kollegen oder den Medien erzählt wird. Und mehr Kompetenz hat immer praktischen Nutzen: Manch merkwürdige Fehlermeldung macht auf einmal Sinn, wenn frau so ungefähr weiß, was eigentlich beim Mailen und WWW-Lesen passiert.

### Was ist das Internet ?

Das Internet läßt sich kurz durch drei Aspekte charakterisieren:

1) Viele verschiedene Computer, die
2) physikalisch miteinander verbunden sind,
3) und die Protokolle TCP/IP ‚verstehen‘.

Die vielen verschiedenen Computer sind unterschiedlich groß, mit verschiedenen Betriebssystemen (z.B. Unix, MS-DOS, MacOS, Windows 95, Windows NT, Linux, ...). Sie sind auf *irgendeine* Art und Weise (per Kupfer- oder Glasfaserkabel, Telefonleitung, Satellitenverbindung) physikalisch miteinander verbunden. (vgl. Abb. 1) Sie ‚verstehen' die Protokolle TCP/IP. Genau dadurch wird die Unabhängigkeit der Datenkommunikation von den unterschiedlichen verwendeten Rechnern und Betriebssystemen erreicht. Genauer wird das im nächsten Abschnitt erläutert.

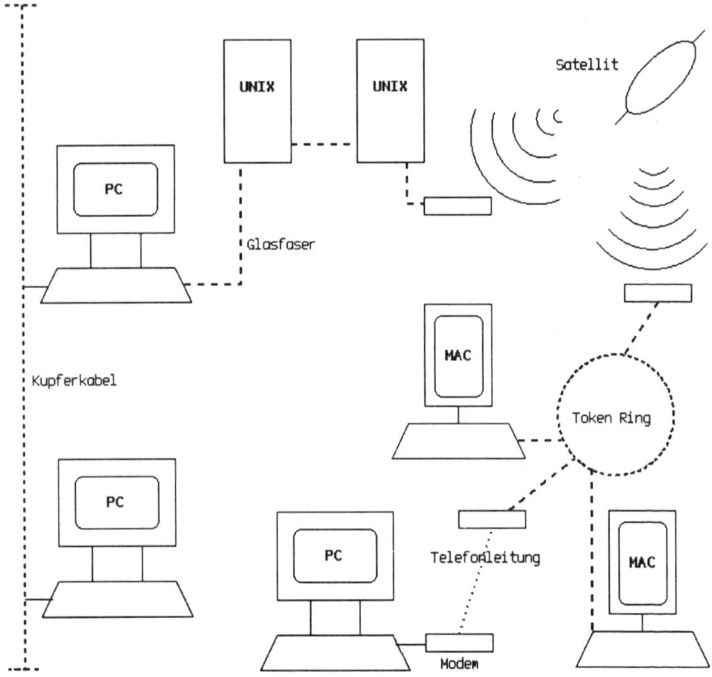


*Abb. 1:*
*Schematische Darstellung unterschiedlich vernetzter Rechner*

## Was ist TCP/IP?

TCP ist die Abkürzung für *Transmission Control Protocol*. IP ist die Abkürzung für *Internet Protocol*. TCP und IP sind also zwei Protokolle.

Ein Protokoll hat in diesem Zusammenhang weniger etwas mit Protokollieren im Sinne von Mitschreiben zu tun, sondern ist einfach eine Vereinbarung. So wie es bei Staatsbesuchen ein Protokoll gibt, in dem bereits vor der Begegnung festgelegt ist, was wann passiert, in welcher Reihenfolge wer wem die Hand schüttelt usw., so regelt ein Kommunikationsprotokoll den Ablauf beim Datenaustausch zwischen zwei Rechnern.

Wenn zwei verschiedene, weit voneinander entfernte Rechner miteinander kommunizieren sollen, dann ist das eine komplexe Aufgabe. Diese Gesamtaufgabe wird in Teilaufgaben zerlegt. Z.B. sind die Frage der Adressierung eines Rechners, die Suche nach dem Weg zum Zielrechner, die Fehlerbehandlung oder die Art der elektrischen Signale auf einer Kupferleitung verschiedene zu lösende Teilaufgaben. Manche Probleme, die bei dieser Gesamtaufgabe ‚Kommunikation zweier weitentfernter Rechner' auftauchen, sind eher von den physikalischen Gegebenheiten abhängig, andere Probleme werden erst relevant, wenn der Austausch von einfachen Zeichen schon gewährleistet ist. Deshalb werden die verschiedenen Aufgaben und zu lösenden Probleme aufeinander aufbauenden Ebenen zugeordnet. Für jede Ebene, jedes Aufgabengebiet gibt es dann ein oder mehrere Protokolle, mithilfe derer diese entsprechenden Aufgaben gelöst werden. Zusammen bilden sie die TCP/IP-Protokollfamilie. Die vier verschiedenen Ebenen sind in Tabelle 1 dargestellt.

In der *Network access layer* geht es überwiegend um Dinge, die von der Art des Übertragungsmediums abhängig sind (z.B. Satellitenverbindung oder Telefonleitung). Dementsprechend gibt es mindestens so viele verschiedene Protokolle für diese Ebene, sogenannte Netzwerkzugangsprotokolle, wie es physikalische Übertragungsmedien gibt.[1] Die Aufgabe dieser Protokolle ist - grob gesagt - die korrekte Übertragung von Zeichen über ein Kabel, an dem mehrere Rechner hängen.

Im *Internet layer* werden einzelne Rechner (übergreifend über evtl. bestehende lokale Netzwerke) adressiert. Außerdem werden die Daten in einzelne Pakete aufgeteilt, die jeweils unabhängig voneinander ihren Weg durchs Netz gehen. Diese beiden Dinge, die weltweit festgelegte Adressierung und die Vorstellung von Paketen, die einzeln durch das Netz geleitet - ‚geroutet' - werden, beschreiben wesentliche Eigenschaften des Internet.

| *Aufgabe* | *Ebene* (Layer) | *Protokolle* |
|---|---|---|
| Anwendung | Application layer | http, ftp, smtp |
| Fehlerkontrolle, Verbindung | Transport layer | TCP |
| Pakete, Adressierung | Internet layer | IP |
| physikalische Signalübertragung | Network access layer | verschiedene |

*Tabelle 1:*
*Vereinfachte Übersicht zum Schichtenmodell im Internet*

Auf der *Transport layer* werden Verbindungen zwischen einzelnen Anwendungen (Programmen) auf den Rechnern hergestellt, z.B. zwischen WWW-Browser auf der einen und WWW-Server auf der anderen Seite.

Erst auf der obersten Ebene, der *Application layer*, werden die anwendungsspezifischen Aufgaben erledigt. Das Internet - als eine Menge von Netzwerken, in denen TCP und IP verwendet werden - stellt viele verschiedene *Internet-Dienste* zur Verfügung. Ein Dienst ist z.B. das Verschicken von Post (E-mail),

[1] Die Begriffe Ethernet, FDDI (Fiberoptics Distributed/Digital Data Interface) oder ATM (Asynchroner Transfer Modus) gehören alle in diesen Bereich.

ein anderer das Lesen von WWW-Seiten, ein dritter das Lesen von Newsgroups. Es gibt noch sehr viel mehr solcher Dienste, nicht alle werden explizit von der Anwenderin abgerufen, sondern implizit durch beteiligte Programme (z.B. der Dienst DNS, siehe S. 26). Für verschiedene Dienste werden verschiedene spezielle Protokolle auf der application layer verwendet, einige sind in Tabelle 2 aufgelistet.

| | |
|---|---|
| Http | Mit dem *hypertext transfer protocol* wird das World Wide Web gebildet. |
| Ftp | Im *file transfer protocol* ist die einfache Übertragung von Dateien geregelt. |
| Smtp | Mit dem *simple mail transfer protocol* läßt sich elektronische Post (E-mail) versenden. |
| Nntp | Das *network news transfer protocol* dient dem Verteilen von newgroups. |

*Tabelle 2:*
*Internet-Protokolle für bestimmte Anwendungen oder Dienste*

Was heißt es, wenn ein Rechner TCP/IP ‚versteht'? Es muß auf dem Rechner ein Programm geben, das die in den Protokollen beschriebenen Abläufe beim Senden und Empfangen von Daten richtig einhält. Bei modernen Betriebssystemen ist eine solche Implementation von TCP/IP, also die Fähigkeit, die Protokollinformationen auszuwerten und zu senden, bereits vorhanden. Bei Rechnern mit älterem Betriebsystem wie z.B. Windows 3.11 muß erst ein Programm installiert werden, um das zu ermöglichen (z.B. Trumpet Winsock).

## Was ist eine IP-Adresse ?

Jeder am Internet beteiligte Rechner hat eine weltweit einmalige Nummer, das ist seine *IP-Adresse*. Genaugenommen ist es eine Kombination aus vier Nummern, jeweils zwischen 1 und

255, die durch einen Punkt getrennt sind.[2] 130.149.20.42 ist z.B. eine korrekte IP-Adresse. Nur weil diese Nummern so schwer zu merken sind, gibt es zu jeder IP-Nummer auch einen IP-Namen, der leichter zu lernen ist und manchmal Hinweise auf die Funktion oder den Standort des Rechners gibt. Intern werden nur die Nummern verwendet, jeder Name ist gleichbedeutend mit genau einer Nummer. Z.B. ist der Name des Rechners mit der Nummer 194.77.102.49 www.woman.de. Die Zuordnung eines Namens zur IP-Nummer erfolgt nicht zentral über eine Tabelle (die ja dann riesig sein müßte), sondern über einen Internet-Dienst, den *Domain Name Service* (DNS). In einem lokalen Netz hält der (Domain-)Name-Server die Nummern-Namen-Zuordnung für die Rechner des lokalen Netzes bereit, andere, ‚fremde' Namen werden bei entfernteren Name-Servern nachgefragt, die entweder die zugehörige Nummer ‚wissen' oder Auskunft geben, welcher Name-Server zuständig ist. Bei diesem dezentralen System können also die Namens-Informationen lokal gespeichert und doch global zugänglich sein.

Rechner, die ständig Teil des Internet sind, z.B. in Firmen oder Hochschulen, deren Netzwerke eine sogenannte Standleitung haben, haben meist einen festen, unveränderlichen IP-Namen (und IP-Nummer): curie.cs.tu-berlin.de heißt immer so. Ein privater PC, der nur zeitweise über Telefon mit einem Internet-Provider verbunden wird, bekommt im allgemeinen dann eine jeweils neue IP-Adresse vom Provider zugewiesen.

## Struktur eines IP-Namens

Der letzte Teil eines IP-Namens ist die sogenannte *Top-Level-Domain* (TLD). Daraus kann man das zugehörige Land ablesen

---

[2] Die Adresse wird in 4 mal 8 Bit gespeichert ($2^8 = 256$). Es gibt also theoretisch $256^4$ verschiedene IP-Adressen. Der Adressraum ist aber in bestimmter Weise strukturiert und die Adressen werden bereits knapp. In einer neuen Version des IP-Protokolls, IPv6 (IP version 6), sind insgesamt 128 Bit für die Adresse vorgesehen.

(bei den zweibuchstabigen Endungen). Die dreibuchstabigen TLDs gehörten früher überwiegend in die USA und unterscheiden zwischen der Art der Organisation oder Firma zu der der Rechner gehört[3]:

| *Domain* | *Land* |
|---|---|
| .de | Deutschland |
| .at | Österreich |
| .fi | Finnland |
| .il | Israel |
| .pl | Polen |
| .tr | Türkei |
| | *Funktion* |
| .com | commercial |
| .edu | educational |
| .org | (non-profit)-organizations |
| .gov | government |
| .net | network-provider |
| .mil | military |

*Tabelle 3:*
*Beispiele für Top-Level-Domains*

Der linke Teil eines IP-Namens bezeichnet einen bestimmten Rechner, möglicherweise innerhalb eines lokalen Netzes, in dem die Rechner alle ähnlich heißen: *penny*.cs.tu-berlin.de, *peso*.cs.tu-berlin.de, *rubel*.cs.tu-berlin.de, usw. Oft weist der Name eines Rechners auf seine Funktion hin, z.B. *www*, *news* oder *mail*. Das muß aber nicht sein, jede Netzwerkadministratorin kann die Namen frei vergeben, deshalb können Rechner mit WWW-Servern auch ganz anders heißen.

Die Namensteile *zwischen* TLD und Rechnernamen bezeichnen Domains, also Bereiche, innerhalb der übergeordneten Top-

---

[3] Demnächst werden weitere Top-Level-Domains eingeführt, z.B. .store, .arts und .info.

Level-Domain. Diese Domainnamen werden von unabhängigen Organisationen[4] gegen eine Verwaltungsgebühr vergeben. Sie können eine geographische oder institutionelle Bedeutung haben, müssen es aber nicht. Z.B. ist www.woman.de der WWW-Server des Woman-Mailbox-Netzes und ugweb.cs.ualberta.ca ein Rechner, auf dem der WWW-Server für die undergraduate students des Fachbereich Informatik (*c*omputer *s*cience) der University of Alberta in Kanada läuft.

## Was passiert, wenn ich eine WWW-Seite lesen will?

Die meisten Dienste im Internet, auch das WWW, funktionieren nach dem Client-Server-Prinzip, das deshalb hier kurz erläutert wird.

*Was ist das Client-Server-Modell ?*

Ein *Server* ist ein Programm oder auch die Bezeichnung für den ganzen Rechner, auf dem das Programm läuft, das irgendwelche Ressourcen (z.B. Plattenplatz oder einzelne Dateien oder bestimmte Funktionen oder Informationen wie die aktuelle Zeit) für andere Rechner und Benutzerinnen zur Verfügung stellt. Es gibt also, je nach angebotener Ressource, File-Server, Print-Server, Time-Server, Name-Server, WWW-Server und viele mehr. Ein Server-Programm läuft im allgemeinen ständig und wartet darauf, daß seine Dienste von einem *Client* in Anspruch genommen werden.

Der Client ist ebenfalls ein Programm bzw. der Rechner, auf dem das Programm gestartet wird. Es wird erst in dem Moment aufgerufen, in dem die Benutzerin einen bestimmten Dienst benötigt. Das Programm startet dann auf dem lokalen Rechner

---

[4] Das sind dezentrale nationale Organisationen wie z.B. der DeNic (http://www.denic.de) für die Top Level Domain .de oder NASK für .pl (http://www.nask.pl/) bzw. internationale wie der InterNic (http://internic.net) für die TLDs .com, .net, .gov, .edu und .org.

und initiiert eine Verbindung über das Netz zum Server. Der kann über ein lokales Netzwerk (LAN) im Nebenraum erreichbar sein oder über das Internet (wovon das LAN ein Teil ist) in einem anderen Erdteil. Der Server prüft den Verbindungswunsch des Clients (fragt z.B. nach Authentifizierung, also der Berechtigung z.B. mit einem Passwort) und liefert dann die angeforderte Ressource, z.B. eine WWW-Seite, zum Client.

Programme wie Netscape Navigator, Mosaic, Internet Explorer und Lynx sind WWW-Clients, die von WWW-Servern Ressourcen, nämlich Dateien im Hypertext-Format, also WWW-Seiten abrufen.[5]

Um das WWW zu nutzen, muß die Anwenderin auf einem Rechner, z.B. einem PC an ihrem Arbeitsplatz oder zu Hause, ein WWW-Client-Programm starten, den Navigator bzw. Communicator von Netscape oder den Microsoft Internet Explorer. Dieses Programm muß also auf dem Rechner (oder im lokalen Netz, z.B. auf einem File-Server) verfügbar sein. Außerdem muß TCP/IP installiert sein und der PC muß eine gültige IP-Adresse haben, in diesem Fall 192.68.108.254. (Dazu gehört der IP-Name kassandra.wz-berlin.de.)

### *Die URL*

Im Client-Programm kann nun die Adresse einer WWW-Seite im Internet angegeben werden.[6] Adressen von WWW-Seiten heißen *URL* (Uniform Resource Locator). Sie bestehen aus drei Teilen (vgl. Abb. 2):

1) das zu verwendende Protokoll, gefolgt von Doppelpunkt und zwei Schrägstrichen (‚Slashes‘), z.B. http:// oder ftp://,

---

[5] Es gibt auch verschiedene WWW-Server-Programme, z.B. apache oder Microsoft IIS.

[6] Entweder durch direktes Eintippen, durch Anwählen einer Bookmark (eines Lesezeichens) oder durch Auswahl eines Link auf einer bereits angezeigten Seite.

2) dem IP-Namen des Rechners, von dem eine Datei geholt werden soll, z.B. www.lesbian.org oder koeln.gay-web.de/
3) (meistens) dem Namen der gewünschten Datei, mit dem gesamten Pfadnamen, z.B. /features/1997/04/main.html oder /new/today/hot.htm. (Wenn nach dem Namen des Rechners (2.) keine Datei angegeben ist, wie z.B. in der URL http://www.pleiades-net.com/ wird der WWW-Server des angesprochene Rechners eine Start-Datei schicken.)

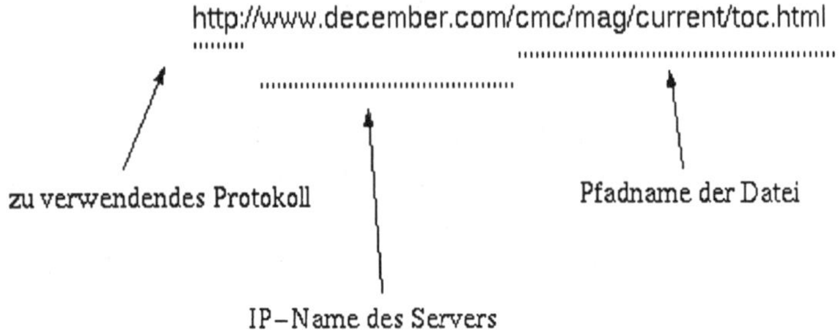


*Abb. 2: Die drei Teile einer URL*

Nehmen wir als Beispiel an, die gewünschte Adresse sei http://www.december.com/cmc/mag/current/toc.html. Der Netscape-Navigator erkennt www.december.com als IP-Namen des WWW-Servers von dem die Seite geholt werden soll.

## Vorbereitungen (vor HTTP)

Um eine Verbindung zu www.december.com aufzubauen, muß zunächst der IP-*Name* in die entsprechende IP-*Nummer* umgewandelt werden. Ohne daß die Anwenderin etwas davon merkt, wird der nächstgelegene Name-Server vom WWW-Client-Programm danach gefragt (vgl. DNS auf Seite 26). Nur wenn die Suche nach der zum Namen gehörigen IP-Nummer nicht erfolgreich war, erfolgt eine Fehlermeldung der Form „Netscape is unable to locate the server: .... The server does not have a DNS entry“. Oft heißt das nur, daß frau sich im Rechnernamensteil der URL vertippt hat (vgl. Tabelle 4). Vielleicht ist aber auch der lokale Name-Server ausgefallen. Dann könnte sie sich helfen, indem sie statt des Namens gleich die Nummer einträgt (so frau sie weiß), z.B.: http://206.72.192.32/cmc/mag/current/toc.html, anstelle von http://www.december.com/cmc/mag/current/toc.html. Im Normalfall geht aber alles glatt und die IP-Nummer wurde ermittelt. Zu dem Rechner 206.72.192.32 wird nun mithilfe der Protokolle HTTP, TCP, IP und diverser Netzzugangsprotokolle (evtl. in jedem Teilnetz ein anderes) eine Verbindung aufgebaut. Dies gelingt, wenn der Rechner 206.72.192.32 angeschaltet ist, am Netz hängt und darauf ein WWW-Server-Programm (z.B. apache) läuft, das bereit ist, auf den Verbindungswunsch des Clients zu reagieren.

## Kontakt zum WWW-Server über HTTP

Wenn der Kontakt zwischen WWW-Client (Netscape Navigator) und WWW-Server-Programm über TCP erfolgreich hergestellt wurde, findet die Kommunikation zwischen diesen beiden nun über das Protokolls HTTP statt.[7]

Mittels HTTP wird dem Server-Programm nun mitgeteilt, welches Dokument gewünscht wird: Die Datei toc.html im Verzeichnis /cmc/mag/current/. Das Server-Programm überprüft etwaige Zugriffsberechtigungen, sucht diese Datei auf seiner lokalen Festplatte und schickt den Inhalt mithilfe der bekannten Protokolle an den Client. Wenn eine Datei dieses Namens (hier /cmc/mag/current/toc.html) *nicht* auf der Festplatte des Server vorhanden ist, erfolgt stattdessen die Fehlermeldung „404 File Not Found“. Wenn die Seite übertragen wurde, ist damit der Kontakt zwischen WWW-Client und WWW-Server zunächst be-

---

[7] Mögliche weitere Fehlermeldungen sind also sozusagen Teil des Protokolls (der Vereinbarung) und haben definierte Nummern (404, 500, usw. vgl. Tabelle 4). Dennoch sehen diese Fehlermeldungen bei verschiedenen Servern oft sehr unterschiedlich aus.

| *Vor Zustandekommen der HTTP-Verbindung* | |
|---|---|
| This Location (URL) is not recognized: ... | syntaktisch falsch aufgebaute URL |
| Netscape is unable to locate the server ... The server does not have a DNS entry | Server Name falsch geschrieben oder DNS nicht in Ordnung |
| Netscape's network connection was refused by the server: ... The server may not accepting connections or may be busy. | Auf dem bezeichneten Server-Rechner läuft gerade kein WWW-Server, jedenfalls keiner, der antworten „will". Vielleicht später noch mal probieren. |
| *HTTP-Fehlercodes:* Es gibt den Rechner, dort läuft ein WWW-Server-Programm, es wird mit HTTP kommuniziert. | |
| Error 404 File not found | Eine Datei dieses Namens gibt es nicht (mehr) an dieser Stelle. (Vielleicht ein Tippfehler im Dateinamen der URL ?) |
| Error 403 Access forbidden | Diese Datei gibt es, wird aber vom Server nicht öffentlich angeboten. |
| Error 401 Authorization required | Für diese Datei besteht eine Zugriffsbeschränkung, z.B. nur für bestimmte Nutzerinnen. |
| Error 500 Internal server error | Das kann heißen, daß das Server-Programm nicht richtig konfiguriert ist. Als Benutzerin, auf Client-Seite, ist da nichts dran zu ändern. Vielleicht später noch mal probieren. |

*Tabelle 4:*
*Mögliche Fehlermeldungen beim Aufruf von WWW-Seiten mit Netscape Navigator*

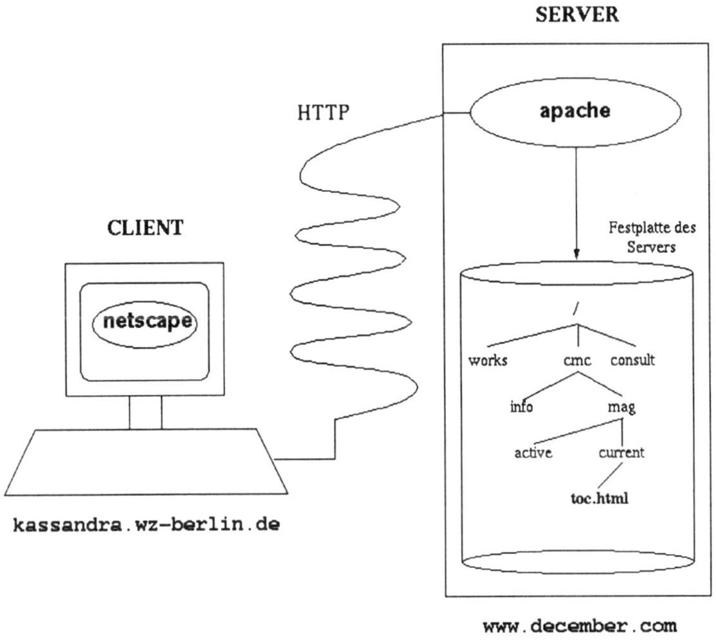


Aufruf der WWW-Seite mit der URL
*http://www.december.com/cmc/mag/current/ toc.htm*

endet. Solange die Seite von der Benutzerin gelesen wird, gibt es keine Verbindung. Erst wenn wieder eine neue Seite - z.B. über einen Link - angefordert wird, wird eine ganz neue Verbindung zu diesem oder einem anderen WWW-Server aufgenommen.[8]

In jedem Fall eines HTTP-Kontaktes wird vom Server-Programm ein kurzer Eintrag in die lokale log-Datei des Servers gemacht. Dort kann festgehalten werden, von welchem Rechner

[8] Mit diesem Beispiel wurde nur das einfache Lesen einzelner statischer HTML-Dokumente beschrieben. Der Zugriff auf Datenbanken über das WWW, die Benutzung von Suchmaschinen und ähnliche nützliche Anwendungen sind zwar oft genauso einfach zu bedienen, die Erklärung der technischen Realisierung hätte aber den Rahmen des Beitrags gesprengt.

(kassandra.wz-berlin.de), mit welchem Betriebssystem (Linux), zu welchem Zeitpunkt, mit welchem Client-Programm (Netscape Navigator Version 3.1), welche Datei (/cmc/mag/current/toc.html) angefordert wurde. Der Name der Benutzerin kann in der Regel nicht registriert werden. Auch die meisten WWW-Clients speichern über lange Zeit die von diesem Programm aus aufgerufenen Seiten. Das komplexe Thema des Datenschutzes kann hier aber nicht ausführlich behandelt werden.

Soweit der kurze Einblick in das Zusammenspiel von Programmen und Protokollen im Internet. Einige der theoretischen Ausführungen gewinnen sicher erst an Bedeutung bei der tatsächlichen Nutzung der Internet-Dienste. Wenn dann weitere Fragen auftauchen, lassen sich die Antworten am besten im Internet selbst finden.

*Nora Bugdoll*

# Dörfer am Rande der Datenautobahn: Mailboxnetze

Warum gibt es neben dem Internet noch andere Netze? Das Internet kann doch schon alles, oder?

Auf diese Frage gibt es mehrere Antworten und eine davon liegt in der Vergangenheit: der Entstehungsgeschichte der Datennetze.

## Kleine Zeitreise zum Anfang der Datennetze

Die Idee für das Internet entstand beim US-amerikanischen Militär. In den 60er Jahren suchte das Militär nach einer Möglichkeit, seine strategisch wichtigen Großrechenanlagen zu vernetzen. Wenn eine Anlage in einem atomaren Krieg außer Gefecht gesetzt würde, sollten die anderen trotzdem noch funktionsfähig bleiben und weiterhin Daten austauschen können.

1969 war der erste Vorläufer des Internets betriebsbereit: das ARPANET. Vernetzt wurden vier Universitäten, die im Auftrag des Verteidigungsministeriums zu Weltraumprojekten forschten. 1982 wurde das Internetprotokoll TCP/IP[1] entwickelt, welches ein weltumspannendes Netz technisch ermöglichte. Erst ab 1990 öffnete sich das Internet auch Privatpersonen und Firmen.

Das Internet entwickelte sich schon kurz nach der Gründung zum Selbstläufer. Obwohl vom Militär initiiert, verlor dieses sehr bald die Kontrolle über die Entwicklung - da an den Unis die Studenten munter weiterentwickelten. Der heutige Boom

[1] Siehe den Beitrag von Barbara Schelkle in diesem Band.

(ausgelöst durch die Erfindung des World Wide Web) war nicht vorhersehbar. Durch die öffentliche Förderung, die das Internet in vielen Staaten als Wissenschaftsnetz der Universitäten erhielt, wurden die leistungsstarken Verbindungen und Ressourcen finanziert, die dem Netz zu dem Beinamen ‚Datenautobahn' verhalfen.

## Graswurzelvernetzung

Das Internet und dessen technische Ressourcen waren lange Zeit nicht öffentlich zugänglich. Dies führte zu zwei Entwicklungen. Zum einen verschafften sich Hacker illegal Zugriff auf Standleitungen und Großrechner und zum anderen wurde alternative Technologie zum Vernetzen entwickelt.

Computerfreaks arbeiteten an einem automatisierten Datenaustausch von Heimcomputern via Telefonleitung. Dazu war es nicht nur notwendig, eine Verständigungssprache zwischen den beiden Computern zu entwickeln, sondern auch ein Verbindungsgerät zwischen Computer und Telefonleitung mußte gebastelt werden: Ein Vorläufer des heute handelsüblichen Modems. Ein findiger Programmierer schrieb 1984 in San Francisco eine Software, die den Nachrichtenaustausch zwischen zwei Computern regelte. Der Programmierer benannte das Programm nach seinem Pudel, der angeblich immer das Telefon anbellte: FIDO.

Damit war der technische Grundstein für eine Vernetzung von unten gelegt. In den USA und in Großbritannien bildeten sich neben Hobby- und Computerfreak-Netzwerken politische Computer-Netzwerke mit Schwerpunkt auf Umweltpolitik und Friedensforschung. Diese Netze bestanden aus mehreren Computern, die durch regelmäßige Anrufe untereinander die Nachrichten austauschten. Um eine Nachricht zu befördern, wurden also keine teuren Standleitungen verwendet, sondern normale Telefonleitungen. Deswegen ruft ein Mailboxcomputer nicht wegen jeder Nachricht einzeln an, sondern sammelt einige und schickt sie dann weiter: ‚Store and Forward'.

In Deutschland entwickelten zeitgleich Programmierer in Bielefeld ein ähnliches Programm. In München überlegten sich ein paar sozialistische Umweltengagierte und Hacker/Hacksen, Computer zur politischen Vernetzung einzusetzen. Das deutsche Pendant zu dem Programm FIDO, bekam auch einen Hundenamen: ZERBERUS - der vierköpfige Höllenhund. Mit dieser Technik startete in Deutschland Ende der Achtziger Jahre die alternative Kommunikation via Computer. Neben Computerfreaks, Hackern und Hacksen, nutzen auch besagte Münchner Linke die neue Technik. Sie hatten die Idee, Umweltprojekte und andere Organisationen mithilfe des Computers zu vernetzen und eine unzensierte, basisdemokratische, gleichberechtigte Diskussion zu ermöglichen und damit vielleicht sogar die Welt zu verändern. Sie hatten die Vision vom ‚Globalen Dorf': Eine weltweite Kommunikation würde eine Weltgesellschaft schaffen und die Menschen einander näher bringen. Als eine der ersten zehn Mailboxen mit dem Zerberus Programm gründeten sie 1987 die politische Mailbox LINKS in München. Dies war das erste System des späteren Computernetzwerks Linksysteme (/CL).

Politische Gruppen aller Art nutzen heute Mailboxnetze für Öffentlichkeitsarbeit, Informationsaustausch und Diskussion. Mit der Etablierung des Computers als Werkzeug für die Kommunikation und die politische Arbeit gründeten sich weitere Mailboxnetze, wie z.B. das SoliNet für GewerkschafterInnen, Netze der PfadfinderInnen und die Frauenmailboxnetze FemNet und WOMAN.

## Virtuelle Frauen-Räume

Mailboxnetze können nur die Gesellschaft und ihre Verhältnisse widerspiegeln - trotz der Visionen und Hoffnungen, mit denen sie gegründet wurden. Es sind und waren die Männer dort vorherrschend. Zwar sind beim /CL-Netz seit der Gründungszeit Frauen aktiv, aber trotz der fünf Frauenbereiche ist dort eine konstruktive Diskussion kaum möglich. In diesen Männern zugänglichen Diskussionsbereichen kommt frau nur selten zu einem sinnvollen Gedankenaustausch, da die Diskussion immer auf dem Niveau des „Warum dürfen Männer nicht in Frauenbuchläden?"-Standes bleibt. Die Frauen sind so einem ewig wiederkehrendem Rechtfertigungsdruck ausgesetzt und können dadurch die neue Technologie nicht umfangreich und angemessen nutzen.

Aus diesem Grund entstanden die Frauennetze FemNet und WOMAN, die Diskussionsbereiche ausschließlich für Frauen anbieten. Ziel ist es, Frauenorganisationen die neue Technologie näher zu bringen und einen Raum zu schaffen, in dem diese bestmöglich genutzt werden kann: Als Kontaktraum zu anderen Projekten, Diskussionsraum für Inhalte, Theorien und Technikprobleme, und zur Öffentlichkeitsarbeit. In den Frauen-Mailboxnetzen findet frau Informationen über das Österreichische (Frauen)-Volksbegehren, die Feministische Partei und lokale und bundesweite Veranstaltungen und vieles mehr. In den angegliederten Mailinglisten, die die Mailboxnetz-Frauen mit den Schwestern aus dem Internet verbinden, finden viele ihre virtuelle Heimat: Es entsteht schnell eine angenehme, private Atmosphäre, in der auch persönliche Dinge zur Sprache kommen und Freundschaften geknüpft werden.

## Internet versus Mailbox?

Die Abgrenzung zwischen Internet und Mailboxnetzen wird heute immer schwieriger. Der wesentliche technische Unterschied besteht darin, daß im Internet, dem Netz der Netze, Nachrichten immer und zu jeder Zeit von einem Rechner an den nächsten geschickt werden können. Nur so ist es möglich, sich eine Datei in Berlin anzuschauen, die auf einem Computer in Los Angeles gespeichert ist. Nur auf diese Art und Weise ist etwas wie das World Wide Web möglich. Bei Mailboxnetzen gibt es keine ständig bestehende Verbindung zwischen den einzelnen Computern. Die Nachrichten werden gesammelt und auf einen Schub per Telefon verschickt. Das heißt für die Nutzerin, daß sie immer auf dem Computer bleibt, den sie anruft, und nur die Informationen empfangen kann, die dieser Computer gespeichert hat. Damit dies nicht nur lokale Informationen sind, tauschen die Mailboxen untereinander die öffentlichen Nachrichten der Diskussionsforen aus, so daß in Hamburg dieselben Nachrichten zu lesen sind wie in München.

Es ist offensichtlich, daß die Technik nicht der einzige Unterschied sein kann, zumal sie sich ständig weiterentwickelt. Aber aufgrund dieser Technik ist in Mailboxnetzen eine Nutzung des World Wide Web, ein Zugriff auf Dateien in der ganzen Welt (ftp), oder ein weltweiter Plausch ohne Zeitverzögerung (IRC bzw. Chat genannt) nicht möglich. Möglich ist aber, weltweite E-mails zu verschicken und zu empfangen, Internet-Newsgroups und die speziellen Diskussionsforen der Mailboxnetze zu lesen.

Das allein scheint allerdings nicht für die Nutzung solcher Netze zu sprechen, da das Internet augenscheinlich mehr bietet. In der Praxis ergänzen sich Internet und Mailboxnetze und existieren friedlich nebeneinander. Durch die unterschiedliche Entstehung haben die Netze ein unterschiedliches inhaltliches Profil entwickelt: Das Internet bietet enorme, wichtige und einmalige Informationen im wissenschaftlichen Bereich. Für die NaturwissenschaftlerInnen ist ein Arbeiten ohne Internet kaum mehr möglich, egal ob es in der Informatik, Astronomie, Geologie oder in der Medizin ist. Auch in anderen wissenschaftlichen Bereichen sind Arbeiten und Veröffentlichungen über das Internet zugänglich, die man auf anderem Wege (gerade aus dem Ausland) nicht bekommen kann. Außerdem bietet das Internet interessante Informationen (im WWW) von öffentlichen Stellen und Institutionen und natürlich einen enormen Unterhaltungsbereich.

Der Unterhaltungsbereich ist ebenso in den Mailboxnetzen zu finden, aber wie schon dargestellt, entwickelten sich weltweit Netze zu umweltpolitischen und sozialen Themen. In dem internationalen APC-Netz beispielsweise findet die weltweite Vernetzung der Nichtregierungsorganisationen (vor allem der sogenannten Dritten-Welt-Länder) statt. Die UN-Konferenzen werden dort von NGO-Seite vorbereitet, dokumentiert, diskutiert und nachbereitet. Der Frauenbereich ist vor allem in den Mailboxnetzen ausgeprägt. Im Internet gibt es keinerlei interessante, konstruktive Newsgroups, in denen sich nicht Männer (immer in der Überzahl) in die Diskussionen einmischen. Alle Netze haben sich ihr eigenes Profil und ihre eigene Zielgruppe geschaffen und bestechen in diesem Bereich durch wertvolle Informationen und Kontaktmöglichkeiten. Für ‚Graswurzelvernetzung' sind auch heute Mailboxen noch die richtige Adresse – durch geringe Kosten und einfache Technik. Für die Mailboxnutzung sind auch ältere Computer und Software einsetzbar und die Grundgebühren und laufenden Kosten sind niedriger als bei einem Internetaccount.

## Lokale und globale Dörfer

Die Mailboxnetze bestechen durch ihre Überschaubarkeit: Es ist nicht immer sinnvoll mit der ganzen Welt zu diskutieren. Auch im wirklichen Leben ist es nur im Ausnahmefall angebracht, eine Feminismusdiskussion auf dem Volksfest zu führen oder dort zu versuchen, MitstreiterInnen zu finden. Die Mailboxnetze sind im Vergleich zum Internet nicht nur kleiner, sondern haben jeweils eine bestimmte Zielgruppe. Das Internet ist mittlerweile so gewachsen, daß keine einheitliche BenutzerInnengruppe mehr definierbar ist: Ein Beitrag in einer Newsgroup kann theoretisch von Millionen Menschen gelesen (und beantwortet) werden.

Als Kompromiß zwischen Internetnewsgroups und Mailboxnetzen haben sich die Mailinglisten etabliert. Mailinglisten, als Bestandteil des Internets, bieten die Möglichkeit, TeilnehmerInnen aus verschiedenen Mailboxnetzen und dem Internet miteinander zu verbinden. Mailinglisten sind E-mail-Verteiler: Das heißt, eine Nachricht wird an einen bestimmten Computer gesendet, der sie an alle TeilnehmerInnen verschickt. Dadurch werden die Vorteile der Überschaubarkeit genutzt und trotzdem ist eine uneingeschränkte Verbreitung möglich. Denn nur durch ein überschaubares Gesprächsumfeld, in dem sich die GesprächspartnerInnen im Laufe der Diskussion kennenlernen und ‚entanonymisieren' können, kann eine angenehme Atmosphäre entstehen, die zum Gedankenaustausch anregt.

## Nicht nur virtuell ... sondern auch menschlich

Durch dieses angenehme und überschaubare Diskussionsumfeld entstehen soziale Gemeinschaften und Freundschaften. Man beschäftigt sich mit Personen, die man sonst nie getroffen hätte, sei es aufgrund sozialer oder wegen geographischer Unterschiede. Die Vision vom ‚Globalen Dorf' ist in den Datennetzen noch immer spürbar: die Faszination, mit völlig Fremden Gemeinsamkeiten zu entdecken und Meinungen und Erfahrungen auszutauschen. Durch die geographische Beschränkung auf den deutschsprachigen Raum sind durch die Mailboxnetze auch reale Gemeinschaften entstanden, die täglich wachsen: lokale Veranstaltungen, Stammtische und Sommerfeste, regionale und bundesweite Seminare und Tagungen der Mailboxnetze werden zu Treffpunkten der TeilnehmerInnen.

‚Erst reisen die Daten und dann die Menschen' stellte die Netzfrau Gabriele Hooffacker 1992 auf einer Veranstaltung des /CL-Netzes fest: Man trifft sich nach der E-mail-Diskussion und dem gemeinsam (virtuell) geplanten Projekt auf einen realen Milchkaffee ... am Rande der Datenautobahn.

## Kontaktadressen

*WOMAN:* allgemeine Infos: http://www.woman.de, oder Mail an WOMAN: info@woman.de

*FemNet e.V.:* Koselstr. 7, 60318 Frankfurt/Main, Tel: 0611/37 50 96, Fax: 0611/37 50 97

*Informationen zu /CL und fast allen anderen Netzen:* Kommunikation und neue Medien e.V., Postfach 190520, 80605 München, Fax 089/131406, Tel: 089/1675106, E-mail: cl-service@link.m.de

*Barbara Kleinen*

# Körper und Internet

## Was sich in einem MUD über Grenzen lernen läßt

> „Die wahren Abenteuer sind im Kopf, und sind sie nicht in deinem Kopf, dann sind sie nirgendwo."
>
> *André Heller*

Wo bleibt eigentlich unser Körper, wenn wir ‚ins Internet gehen?' Wie real sind Welten und soziale Gemeinschaften, die wir ohne unseren Körper erleben?

Als Informatikerin und Shiatsu-Therapeutin[1] beschäftige ich mich auf verschiedenen Ebenen mit Zusammenhängen zwischen Körper und Computer. Im Folgenden möchte ich einige Erkenntnisse, die ich aus meinen persönlichen Erfahrungen in einem MUD gezogen habe, darstellen.

MUDs, Multi User Dungeons, sind textbasierte Abenteuerrollenspiele, in der jede SpielerIn über einen längeren Zeitraum eine selbstgewählte Spielfigur, einen ‚Charakter' spielt. MUDs können über das Internet[2] von vielen SpielerInnen gleichzeitig gespielt werden. Den Begriff Dungeon (Verlies), der die zu erforschende Welt bezeichnet, haben die MUDs von dem ersten Abenteuerrollenspiel „Dungeons & Dragons", das mit Papier, Würfeln und dicken Handbüchern von einer Gruppe am Tisch gespielt wurde, geerbt.

---

[1] Shiatsu ist eine asiatische Körpertherapiemethode, die auf der traditionellen chinesischen Medizin und der traditionellen chinesischen Massage beruht.

[2] I.d.R. durch das ‚Einloggen' über den Internetdienst Telnet auf dem Rechner, auf dem das MUD läuft.

Durch das Spielen in einem MUD wird sowohl der Einfluß der Imagination auf unser Realitäts- und Körperbewußtsein als auch die Verdrängung des und die Unabhängigkeit vom Körper, die wir in einer Medien- und Technikwelt gewohnt sind, deutlich.

Obwohl - oder eher weil - die Interaktion mit und in einem MUD ausschließlich durch Texte vermittelt wird, ist es einfach, in seine Welt einzutauchen[3] - und vielleicht auch, es mit der Wirklichkeit zu verwechseln. Setze ich neben diese Erfahrung eine ,reale' Welt, in der gesichertes Wissen ebenfalls hauptsächlich durch Texte vermittelt wird, wird die vermeintlich exakt gezogene Grenze zwischen Virtuellem und Realem schnell fragwürdig.

So macht das MUD *am eigenen Leib* erfahrbar, daß sowohl die Grenze zwischen ,Geist' und Körper als auch die Grenze zwischen Virtuellem und Realem[4] sehr fließend und durchlässig ist. Diese Erfahrung möchte ich nachvollziehbar machen - eine mögliche Irritation darüber, was im folgendem Spiel und was Reflexion ist, ist dabei durchaus gewollt.

---

3 Der Fachbegriff für ,in eine virtuelle Welt eintauchen' ist ,Immersion'. Unter ,Immersiven Systemen' werden aber eher solche verstanden, die möglichst viele Sinne ansprechen. Nach meiner Erfahrung sind aber auch Textsysteme - obgleich auf eine andere Art - immersiv.

4 Das Wort ,Virtuell' bedeutet: *der Kraft oder Möglichkeit nach vorhanden; scheinbar* und ist eine gebräuchliche Bezeichnung der durch Computer allgemein ,generierten' Welten und sozialen Räume, in Abgrenzung zur ,realen' Welt außerhalb. ,Real' bedeutet: *wirklich, tatsächlich, dinglich, sachlich* (beide Definitionen aus: Der Duden: Rechtschreibung der deutschen Sprache, 20. neu bearbeitete Auflage. Mannheim, Wien, Zürich: Dudenverlag, 1991).

## Erfahrungen in einem MUD[5]

*Pasair findet einen Pass in seiner Tasche, der ihn an sein Versprechen erinnert, Lady Morgaine zu retten. Er geht zur Brükke, an der immer Ruth, eine Drachin wartet, die er besteigt und bittet, ihn nach Avalon zum Malvenbaum zu fliegen. Von dort ist es nicht weit zum Sherwood Forest, in dem er beginnt, nach Lady Morgaine zu suchen. Die Eichen sehen sehr alt und furchteinflößend aus, und überall gibt es Vampire. Er muß sehr lange suchen, bis er schließlich den Eingang zu einer versteckten Lichtung im Wald findet, wo es einen wunderbaren Wasserfall gibt, der ihn nicht nur erfrischt, sondern auch ein wichtiges Utensil für die weitere Erfüllung der Aufgabe birgt.*

Um das Spielziel in einem Abenteuer[6]-MUD zu erreichen, müssen spezielle Aufgaben (Quests) gelöst werden. Dafür muß das MUD erkundet werden, was lange Wanderungen erfordert - es gibt keine ‚Shortcuts' zu speziellen Orten im MUD, die Geographie des MUDs muß durchwandert werden (Zaubersprüche und fliegende Drachen ausgenommen). Zum Lösen der Quests müssen meistens auch spezielle Objekte gefunden werden - z.B. Schlüssel, Blumenkübel, Wasserquellen, Heilmittel oder Schaufeln. Das Benutzen der Objekte geschieht dabei gemäß unserer Alltagserfahrung mit realen Objekten; wenn wir z.B. eine Flasche finden, ist anzunehmen, daß die Befehle *nimm Flasche, öffne Flasche* und *trinke aus Flasche* funktionieren. Als Bestätigung wird z.B. eine Rückmeldung wie *Du nimmst die*

---

5 Hier und im folgenden sind die kursiv gesetzten Textteile frei übersetzte und teilweise durch Erläuterungen ergänzte Erlebnisse von Pasair im TubMud (MUD am Fachbereich Informatik der TU Berlin). Ich danke Pasair, Schnurz, Alfe und vor allem Demos für die freundliche Genehmigung und Unterstützung dafür. Das TubMud ist zu erreichen mit *telnet morgen.cs.tuberlin.de 7680*
Informationen über dieses und andere MUDs finden sich im WWW unter http://autos.cs.tu-berlin.de/~tubmud

6 In vielen MUDs steht anstelle des Abenteuers der Rollenspielaspekt im Vordergrund. Teilweise sind sie auch technisch etwas anders aufgebaut und heißen dann z.B. TinyMUD, MUSH, MUSE, MOO oder Talker.

*Flasche* oder *Du versuchst, aus der Flasche zu trinken, aber sie ist leer* ausgegeben.[7]

Im MUD tauchen auch Monster auf, die das Abenteuer-Alter-Ego angreifen können. Jeder Treffer kostet Ausdauerpunkte, und sinken diese auf Null, stirbt der Charakter.

*Die Spinne verfehlt dich. Du triffst die Spinne. Die Spinne trifft dich mit ihrem giftigen Stachel. Du triffst die Spinne. Die Spinne verfehlt dich. Die Spinne stirbt. Du nimmst einen giftigen Stachel von der Leiche. Du fühlst dich nicht gut ...*

Wenn es dir im MUD schlecht geht, ist es wichtig, etwas zu essen oder trinken, dann steigen die Ausdauerpunkte wieder.

*Du nimmst eine Flasche Bier aus deinem Rucksack und trinkst es. Du bist immer noch nüchtern, und das Bier schmeckt nicht. Du fühlst dich nicht gut.... (45 von 122 Ausdauerpunkten).*

Das Bier hat nicht geholfen. Vielleicht liegt es an der finsteren Atmosphäre in der Höhle? Nichts wie raus!

*Du gehst nach Westen und bist immer noch in der Rätselhöhle. Es riecht sehr schlecht. Die Höhle führt nach Norden und Westen weiter. Du fühlst dich nicht gut ... Du gehst weiter nach Westen und bist noch immer in der Rätselhöhle. Du fühlst dich nicht gut... (40 Ausdauerpunkte). Du fühlst dich nicht gut. ... Du gehst weiter nach Westen, und bist immer noch in der Rätselhöhle. Die Wand im Süden hat einen Riß. Du gehst weiter nach Westen, ein Stück nach oben und bist schließlich wieder im Freien. Du fühlst dich nicht gut... (35 Ausdauerpunkte).*

Im Freien wird es auch nicht besser. Vielleicht hilft ja dieses geheimnisvolle Kraut, das du vorhin gefunden hast! Essen!

*Du ißt das Kraut, ... Yum yum yum. Du fühlst dich nicht gut. ...*

Das war es also auch nicht, das Kraut half nicht und im Freien wird es auch nicht besser. Du bist vergiftet! Was nun? Zu der Heilkundigen im Norden von Mirkwood!

---

[7] Zur besseren Lesbarkeit habe ich die Befehle in den ‚MUD-Erlebnissen' weggelassen.

*Du wanderst durch Mirkwood. Überall sind Baumstümpfe. Du überquerst einen Bach, der von Westen nach Osten fließt. Du fühlst dich nicht gut … (30 Ausdauerpunkte). Auf dem Weg triffst du einige Waldelfen. Schließlich erreichst du Coels Hütte. Du fühlst dich nicht gut … (25 Ausdauerpunkte).*

Coel könnte dir zwar helfen, aber nicht ohne das Kraut, das du leider aufgegessen hast! Also nichts wie in den Kräutergarten und suchen!

*Du gehst in den Garten, kniest dich hin und suchst nach Kräutern. Du fühlst dich nicht gut … (20 Ausdauerpunkte). Du findest keine Kräuter.*

Im MUD ist es möglich, sich mit allen anderen Spielerinnen zu unterhalten, egal wo sie gerade sind. Vielleicht ist es allmählich an der Zeit, um Hilfe zu rufen.

*Du sagst Schnurz, daß es dir nicht gut geht, daß du krank seist. Schnurz fragt dich, wie krank. Du antwortest ihm: sehr krank. Du suchst weiter nach Kräutern. Vielleicht solltest du länger suchen? Schnurz kommt an und verbeugt sich vor dir. Du begrüßt Schnurz. Du fühlst dich nicht gut … (10 Ausdauerpunkte). Deine Flöhe hüpfen weg. Du fühlst dich nicht gut … (9 Ausdauerpunkte). Schnurz macht ‚hmmmm', sagt ‚Moment' und verschwindet nach Osten. Du suchst nach Kräutern. Du gehst wieder in Coels Hütte und bittest sie um eine Entgiftung. Coel bedauert, daß ihr dies ohne die geeigneten Kräuter nicht möglich ist. Du fühlst dich nicht gut … Sozusagen dem Tode nah! Schnurz kommt rein, verbeugt sich vor Coel und verschwindet im Garten. Du sagst zu Schnurz: Beeil dich! Du fühlst dich nicht gut … (4 Ausdauerpunkte). Schnurz kommt rein, gibt Coel einige Kräuter. Sie lächelt zufrieden, sagt: Du hast es gefunden! Das ist Athelas! Ein sehr seltenes Kraut, mit dem fast alles geheilt werden kann. Ich werde einen Trank für dich bereiten. Es wäre eine sehr gute Tat, es jemandem zu geben, dem es sehr schlecht geht. Du wirst belohnt werden! Coel zwinkert Schnurz zu, stellt einen Topf auf den Herd und kocht gekonnt das wertvolle Kraut. Schließlich gibt sie Schnurz die Flasche, der sie an dich weiter reicht und sagt: ‚Trinken!' – aber zu spät:*

*Du fühlst dich nicht gut ... sozusagen wie tot ... Das Gift der Spinne fließt mit einem letzten Schock durch deinen Körper. Das ist das Ende. Du siehst einen Mann mit einer dunklen Kappe, wie er neben deiner Leiche steht. Er schwingt die blutige Schneide einer gefährlich aussehenden Sense mit abgemessenen Bewegungen. Plötzlich hört er auf und sieht dich direkt an mit seinen leeren ... nein nicht leeren aber. ...*

*Der Tod sagt: Komm mit mir, Sterbliche! Er greift nach dir und plötzlich befindest du dich an einem anderem Ort. Du stirbst. Du hast ein komisches Gefühl. Du siehst deinen Körper von oben.*

Vergiß nicht: Der Körper ist an all dem nicht beteiligt. Er sitzt wahrscheinlich angespannt und krumm vor einem Bildschirm.

## Körper im Internet? – Über die Grenze zwischen Geist und Körper

Die Möglichkeit, im ‚Cyberspace' unabhängig vom Körper zu sein, wird häufig als Vorteil und Chance genannt, da körperbedingte Einschränkungen unwichtig werden und Diskriminierung aufgrund des Aussehens nicht möglich ist.

Wenn wir laut Kaufhauswerbung ‚in einer Stunde um die Welt surfen', tun wir das sicherlich ohne unsere Körper. Denn die sind nicht so schnell. Aber wo bleiben sie derweil? Sie entwickeln Schmerzen im Nacken, in Schultern, Armen und im Kopf; die Augen werden – trotz aller oder gerade durch ‚visuelle' (grafische) Benutzungsoberflächen – immer schmerzender und kurzsichtiger. Der vergessene Körper wird müde und unbeweglich.[8]

---

[8] Zu den Beschwerden, die durch Computerarbeit verursacht werden können, vgl. Richenhagen, Gottfried: Bildschirmarbeitsplätze. Mehr Arbeitsschutz am Computer. Neuwied: Luchterhand, 1996. Oder: Märtin, Doris: Macht uns der Computer krank? Gesundheitsrisiken der Bildschirmarbeit und was man vorbeugend dagegen tun kann. München: Heyne, 1995.

Andere kritisieren die propagierte Körperlosigkeit im Internet, im ‚Cyberspace', dahingehend, daß Erfahrungen ohne den Körper ent-sinn-licht, bedeutungslos, letztlich nicht-wirklich sind, der Körper immer Vorraussetzung aller Erfahrung bleibt.

Im MUD habe ich die Umkehrung davon erfahren: daß wir die Körper tatsächlich nicht brauchen, um Erfahrungen zu machen, und daß - obwohl er nicht unmittelbar beteiligt ist - der Körper vom Erlebten beeinflußt wird. ‚Körperliche Erfahrungen' im MUD - die Vergiftung als extremes Beispiel - hatten durchaus Auswirkung auf mein reales Körpergefühl.

Wenn wir nach einem Tag im MUD das Gefühl haben, den ganzen Tag über sonnige Wiesen gewandert zu sein, uns nach einem Besuch im virtuellen Badehaus entspannt und erfrischt fühlen, wird deutlich, daß der Körper, das Körperempfinden im hohen Maße abhängig von der ‚Psyche', vom psychisch Erlebten ist. So wird ironischerweise durch den Computer, „der Inkarnation rationalistischen Denkens"[9], die Möglichkeit und Kraft der Vorstellungskraft, der Imagination, auf uns und unsere Körper erfahrbar.

Das Phänomen, daß ein Text eine hohe Immersivität besitzen kann, daß ich bereit bin, mich auf ihn einzulassen, in seine Welt einzutauchen, wird allen plausibel sein, die gerne Romane oder eine andere Art erzählender Literatur lesen. Im MUD wird die Identifikation mit der erfundenen Welt durch die Kreation einer eigenen Spielfigur und die Interaktion mit anderen SpielerInnen in und über diese Welt verstärkt.

Es gibt zahlreiche Visualisierungs- und Meditationstechniken, die den Einfluß der Vorstellungskraft auf unser Wohlbefinden gezielt einsetzen, um Heilungsprozesse zu unterstützen. Techniken, die (obwohl zunehmend anerkannt) eigentlich nicht

---

[9] „Denn der Computer - Vernetzung hin oder her - ist die Inkarnation mechanistischen Denkens. Trotz aller Weiterentwicklung ist der Computer nach wie vor der Logik des Schaltkreises verpflichtet und bleibt das Modell für deterministische, lineare Abläufe, die alles berechenbar und voraussagbar machen." Renate Retschnig: Chaosforschung - ein feministischer Blick auf eine Erfolgsstory ohne Happyend. In: Anakonga (Hg.): Turbulenzen. Eine feministische Kritik an der Techno-Zivilisation. Wien: Verlag für Gesellschaftskritik, 1994.

zum rationalistischen und mechanistischen Körperbild der westlichen Schulmedizin passen, da sie das Paradigma der Trennung zwischen Geist und Körper nicht teilen. Durch das MUD wird die Fragwürdigkeit dieser Grenze zwischen Geist und Körper erfahrbar.

## Körper in der Gesellschaft – Über die Grenze zwischen Virtuell und Real

Durch das Hantieren mit Objekten, die wir aus der ‚realen' (= dinglichen) Welt kennen, wird das Agieren im MUD sehr konkret und begreifbar - real. Dies wird alleine erreicht duch eine sprachliche Referenz auf reale Objekte und auf den Körper. Auch die streng geographische Anordnung des MUDs, die mich zwingt, mich in gewohnter Weise zu bewegen, trägt zu diesem Realitätsgefühl bei.

Mit seiner weitläufigen Natur, (teilweise magischen) Gegenständen, gefährlichen Burgen, unheimlichen Wäldern und tiefen Gewässern ist die Welt der MUDs nicht nur real, sondern auf eine Art viel sinnlicher als unsere gewohnte Alltagswelt.

Welche Bedeutung haben Körper in unserer Gesellschaft? In meinem Alltag taucht mein Körper als lästiges Anhängsel auf, das transportiert, gefüttert und während der Arbeit am Rechner möglichst bequem verstaut werden will. Den größten Teil meiner Zeit habe ich mit sehr wenigen Objekten zu tun, die allesamt nicht besonders sinnlich sind - daran hat der Computer einen sehr großen Anteil. Ich brauche meine Hände nur, um die immer gleichen Tasten zu tippen. Dadurch sind unzählige verschiedene Handlungen möglich - aber die eigentliche *Handlung* bleibt immer dieselbe.

Wie ein anderes Verhältnis zum Körper aussehen kann, wurde mir als Shiatsutherapeutin bewußt. Im Shiatsu ist der Körper - mit all seinen Sinnen - notwendig zur Diagnose und zur Behandlung, die Diagnose wird nicht nach rationalen Prinzipien gestellt, sondern durch Tasten, durch Fühlen mit den Händen. Mit einiger Übung läßt sich ein sehr deutliches Gefühl für Energiezustände im Körper entwickeln, für Wohlsein und Unwohlsein. Im Licht dieser Erfahrung wird eine Realität fragwürdig, in der Krankheit und Gesundheit nicht am persönlichen Befinden, sondern an Meßergebnissen in einem Labor festgemacht werden, denen wir mehr zu trauen gelernt haben als unserer eigenen Wahrnehmung - wo liegt hier das Reale, wo das Virtuelle?

So stellt sich durch die Erfahrung im MUD immer mehr die Frage, wie dinglich, begreifbar und sinnlich erfahrbar unsere ,reale' Umgebung eigentlich ist - und, zusammen mit der Erkenntnis, wie stark etwas offensichtlich Erfundenes unser Realitätsgefühl beeinflussen kann, denke ich darüber nach, was wir als wahr anzunehmen bereit sind: Was wir in der Zeitung gelesen haben? Was wir im Fernsehen sehen? Was uns Freunde erzählt haben? Was wir selbst gesehen haben? Was in Büchern steht?

Die Existenz vermittelter, virtueller Wirklichkeit und die Verdrängung des Körpers scheint in einem Zusammenhang zu stehen: Sandy Stone[10] zeigt eine zeitliche Verbindung (im 17. Jahrhundert) zwischen dem Rückzug des Körpers in das Private und Unsichtbare und der Entstehung erster virtueller Gemeinschaften auf. Diese virtuellen Gemeinschaften wurden durch die Erfindung des „langweiligen akademischen Textes" ermöglicht, dem nach und nach mehr Wahrheit zugesprochen wurde als der unmittelbaren Erfahrung. ,Die Wirklichkeit', aus der wir kommen, wenn wir den Cyberspace betreten, ist also bereits virtuell: vermittelt und verfälscht durch verschiedene Medien, abgekoppelt von unserer unmittelbaren körperlich- sinnlichen Erfahrung. Die Existenz des Cyberspace macht uns diese Virtualität deutlicher; hier erschrecken wir noch darüber - Erfahrungen, welche die Grenze zwischen Virtuellem und Realem verwischen lassen.

---

[10] Allucquère Rosanne Stone: Will the Real Body Please Stand Up? In: Michael Benedikt (Hg.): Cyberspace: First Steps, Cambridge: MIT Press, 1991. http://www.rochester.edu/College/FS/Publications/StoneBody.html.

## Über die Grenze zwischen Frauen und Männern

Sherry Turkle[11] beschreibt die Möglichkeiten, in MUDs neue soziale Erfahrungen zu sammeln, indem in beliebige Rollen geschlüpft und dadurch neue Verhaltensweisen ausprobiert werden können. Dies schließt mit ein, einen Charakter zu spielen, der/die/das[12] ein anderes Geschlecht hat und bietet auf diese Weise einen Einblick hinter die Kulissen der Geschlechterkonstruktion - wiederum nicht auf theoretischer Ebene, sondern auf der Ebene der eigenen Erfahrung. Da es in MUDs tatsächlich üblich ist, die Rolle des anderen sozialen Geschlechts zu spielen, machen MUDs auch die Grenze zwischen Frauen und Männern durchlässig und lassen sie damit fragwürdig erscheinen.

Im Unterschied zu meiner Beobachtung, daß Erfahrungen im MUD dazu geeignet sind, die Konstruiertheit der Grenzen zwischen Körper und Geist, Virtuellem und Realem ebenso wie zwischen Frauen und Männern deutlich zu machen, werden genau diese Grenzen sowohl durch die Inszenierung der Spiele[13] im MUD als auch durch die Diskussion darüber eher verfestigt.

In der Diskussion über ‚Körper im Cyberspace' werden in der Regel „Cybersex"[14] und ‚Genderswapping' als Belege dafür zitiert, daß unsere Körper im Cyberspace vorkommen.[15] Im Kontrast zu den zahlreichen, auf den Körper bezogenen Erfahrungen, die ich in einem MUD gemacht habe, wird deutlich, daß hier eine Reduktion stattfindet, die eine in der Gesellschaft

---

11 Vgl. Sherry Turkle: Life on the Screen. Identity in the Age of the Internet. New York: Simon & Schuster, 1995.

12 In vielen MUDs gibt es drei Geschlechter: weiblich, neutral und männlich.

13 Dies wird z.B. in den von mir geschilderten Spielsequenzen durch den Satz ‚Pasair findet einen Pass in seiner Tasche, der ihn an sein Versprechen erinnert, Lady Morgaine zu retten' (s.o.) deutlich - der Held zieht los die Schöne zu retten. Vgl. dazu auch Sherry Turkle.

14 Cybersex findet in der Regel durch den Austausch von erotischen Textnachrichten in einem MUD statt.

15 So z.B. durch Sandy Stone im Panel ‚Not without a Body? Bodily Functions in Cyberspace' auf der 6$^{th}$ International IFIP-Conference on Women, Work and Computerization in Bonn, 1997.

übliche Haltung zum Körper widerspiegelt: Körper kommen ins Spiel bei der Differenzierung der Geschlechter und beim Sex – und sonst eigentlich nicht.

Insbesondere dadurch, daß der ‚Standard-Held' auch im MUD männlich und der ‚Standard-Sex' heterosexuell ist, wird so durch die Verknüpfung von Körperlichkeit im Internet mit ‚Cybersex' die Verknüpfung von Frauen mit Körperlichkeit und Sexualität immer wieder verstärkt – und damit die Grenzen, die durch MUDs durchlässiger geworden sind, wieder geschlossen.

MUDs haben das Potential, die Konstruiertheit vieler Grenzen deutlich zu machen und deren Unverrückbarkeit fragwürdig werden zu lassen. Deshalb wäre es schade, wenn mit einem Versuch, ‚frauenspezifische' Aspekte im MUD zu finden, diese Grenzen aufs Neue festgeklopft werden.

*Corinna Bath*

# Informationstechnologien entmystifizieren!

Internet, Multimedia, Informationsgesellschaft sind überall Thema. Auch in traditionellen Medien werden Entwicklungen und Anwendungen der Informations- und Kommunikationstechnologien immer häufiger aufgegriffen. Ausgangspunkt meines Beitrags ist die Frage, wie die öffentliche Diskussion das Verhältnis von Frauen und Informationstechnologien thematisiert und konstruiert. Die Fragestellung läßt sich nicht losgelöst von gesellschaftlichen Vorstellungen über ‚Frauen und Technik' und über Umgangsweisen mit Computern betrachten. Das ‚Reden über die neuen Technologien' spiegelt einerseits geschlechtliche Symbolisierungen und politische Interessen wider. Andererseits beeinflußt es die Richtung der technologischen Entwicklung und ihrer sozialen Ausformungen.

Die Frauenforschung hat bereits wesentliche Aspekte sozialer Konstruktionen von Geschlecht und Technik herausgearbeitet. Kritisiert wurde etwa der Ansatz, ausschließlich die ‚fehlende Technikkompetenz' von Frauen herauszustellen. Damit erscheinen Frauen als defizitäre Männer und unterliegen so dem Anpassungsmodus von vorherrschend männlich geprägten (Arbeits-)Strukturen. Ansätze, die eine ‚weibliche Technikdistanz' oder - positiv gewendet - ‚frauenspezifische Aneignungs- und Umgangsweisen' konstatieren, stolpern zwar nicht in diese Angleichungsfalle hinein. Doch legen sie Frauen auf - wenn auch sozialisationsbedingte - stereotype Fähigkeiten fest und zementieren damit die Geschlechterdifferenz. Frauenspezifische Defizite oder Besonderheiten sind Zuweisungen, die als Ausgrenzungsstrukturen wirksam werden und von den zugrundeliegende Machtverhältnissen abzulenken vermögen.

Für die Konstruktion des Verhältnisses von Frauen und Informationstechnologien erscheinen jedoch auch gesellschaftliche Zuschreibungen an Technik relevant. Deutlich wird dies etwa an einem vom ‚Hacker' geprägten Bild der Computerkultur. Hacker gelten als technikzentrierte Experten, die sich mit dem Rechner identifizieren, ihn beherrschen und unfähig sind, sich auf soziale Beziehungen einzulassen. In der öffentlichen Diskussion wurde diese Vorstellung weiter ausgeführt und zu einem Mythos stilisiert. Charakterisierungen von Hackern und ihrem Umgang mit Computern scheinen jedoch nicht zum Selbstbild von Frauen zu passen. Die Mystifizierung von Technikfaszination kristallisiert sich damit als Zugangsbarriere für Frauen heraus.[1]

Computerexperten sind auch Träger von technischem Knowhow, das durch eine ausgrenzende Sprache und Kultur zum ‚Geheimwissen' herausgebildet wird. Dieses sichert innerhalb der Gesellschaft Macht, Geld und Prestige und fungiert damit als Herrschaftswissen. Uneingeweihten bleibt die Technik auf diese Weise verschlossen. Es entsteht ein weiterer Mythos um den Computer.

Die Informationstechnologien basieren zwar auf der existierenden Computertechnik, doch sind sie nicht mit dieser gleichzusetzen. Die neuen Technologien und ihre geschlechtlichen Konnotationen befinden sich noch im Prozeß der Formierung. Vor dem Hintergrund der angedeuteten Zuschreibungen, Konstruktionen und Mystifizierungen möchte ich die öffentliche Diskussion über Informationstechnologien aus verschiedenen Perpektiven beleuchten und Denkanstöße zur Entmystifizierung geben.

---

[1] Vgl. hierzu genauer Ulrike Erb: Frauenperspektiven auf die Informatik. Münster 1996 oder den Beitrag von Heidi Schelhowe in diesem Band.

## Frauen sind selbst Schuld

In der öffentlichen Diskussion werden Frauen und Informationstechnologien selten in einem Zusammenhang genannt, außer beim Thema Telearbeit. Ein bezeichnendes Beispiel für die dabei vorherrschenden Argumentationen lieferte jüngst Bundeswirtschaftsminister Rexrodt. Im Oktober 1996 erklärte er, daß Frauen selbst Schuld seien an ihren mangelnden Karriereaussichten: Sie würden eher die Berufe und Studiengänge wählen, in denen sie schlechtere Einkommens- und Aufstiegschancen hätten als Männer[2]. Als Ausweg aus dieser Situation wolle er – neben der Schaffung von Kinderbetreuungsmöglichkeiten und Teilzeitarbeit - die Telearbeit fördern.

Damit hält Rexrodt an dem Klischee fest, daß Teleheimarbeit insbesondere für Frauen mit Kindern eine Erleichterung wäre. Er setzt dabei Frauen mit Müttern gleich und schreibt ihre Zuständigkeit für die Reproduktionsarbeit fest. Mit der Förderung von Teleheimarbeit soll also die Grundlage der geschlechtsspezifischen Segregation des Arbeitsmarktes nicht aufgebrochen werden. Rexrodts Absicht, traditionelle Rollenverteilungen aufrechtzuerhalten, entlarvt die Scheinheiligkeit seines Frauenförderversprechens. Auf die Spitze treibt er es durch die einseitige Schuldzuweisung an Frauen. Damit wird deutlich, was mit der Drohung, daß Frauen den Anschluß an die karriereträchtigen Technologien nicht verpassen sollten, nur latent zum Ausdruck kommt: Die strukturellen Barrieren, denen Frauen auch aufgrund der zugeschriebenen Zuständigkeit für Reproduktionsarbeit gegenüberstehen, werden ihrem persönlichen Fehlverhalten angelastet. Dies wiederum liefert die Rechtfertigung für eine Politik, die weder strukturelle Maßnahmen für Frauen wie Zugangsvoraussetzungen bereitstellt, noch Gestaltungsmöglichkeiten der neuen Technologien eröffnet.

Die Informationstechnologien dienen hier also als Projektionsfläche für alte Machtkämpfe um die Verfechtung der Geschlechterhierarchie. Rexrodts Stellungnahme ist ein Beispiel da-

---

[2] Vgl. Frankfurter Rundschau, Tagesspiegel, TAZ, u.a. vom 16.10.1996.

für, wie das Verhältnis von Frauen und neuen Technologien durch Fremdzuschreibungen verzerrt wird. Andererseits prägen auch Frauen selbst das Verhältnis durch Vorstellungen und Bilder von Informationstechnologien.

## Das Internet ist ein Männerspielzeug

Frauen haben bisher nur einen geringen Anteil an der öffentlichen Diskussion über Informationstechnologien. Im Spiegel-Spezial ‚Abenteuer Computer' vom März 1995 kam nur eine Autorin zu Wort. In ihrem Artikel weigert sie sich allerdings beharrlich, Computer auch nur als Schreibwerkzeug zu benutzen. Für das ZEIT-Punkte-Heft Nr. 5/96 ‚Der Mensch im Netz' lieferten immerhin vier Frauen Beiträge, von denen einer explizit den Titel ‚Frauen und Technik' trug. Er steht der Informationstechnik ablehnend gegenüber. Frauen, die „einmal über die Fortschrittsspielwiese getollt sind", würden - so hofft die Autorin - schnell erkennen, daß sie das Netz selbst nicht dringend bräuchten: weder um Informationen zu erhalten noch zum Teleshopping, zur Telearbeit oder gar zur Partnersuche. Damit scheint sie sich gegen Anpreisungen des Internet zu wenden, in denen Frauen Kompetenzen im Haushalt, der Kindererziehung zugeschrieben oder der Wunsch nach einer (heterosexuellen) Beziehung unterstellt wird.

Gleichzeitig kritisiert die Autorin eine Umgangsweise mit den neuen Technologien, die darauf abzielt, Maschinen zu beherrschen und die Grenzen des technisch Machbaren zu verschieben. Sie distanziert sich von männlich besetzten „informationellen Allmachtsphantasien". Ein vernetzter Computer sei ein „Männerspielzeug", mit dem die Anwender ihre Zeit vertun. Damit hinterfragt sie pragmatisch Sinn und Auswirkungen der Nutzung von Informationstechnologien.

Der Umgang mit Computern, der den sozialen und politischen Kontext ausblendet, ist in der öffentlichen Diskussion eng verknüpft mit der Vorstellung einer deformierten Persönlichkeit: „Da ist zum einen der klassische ‚Nerd': ein unerwachsen anmutendes, blasses Individuum mit viereckiger Brille und einem Hang zu formlosen Sweatshirts. ... die Faszinationskraft seiner Äußerungen ... korrespondiert mit seiner Physiognomie."[3] Eine derartige Stereotypisierung von ‚Netz-Fans' greift auf das weit verbreitete Bild vom Hacker zurück, der vom Computerkritiker Weizenbaum bereits 1976 als sozial inkompetent und pathologisch beschrieben wurde.[4]

Die in den Magazinen geäußerten Vorbehalte von Frauen gegenüber den Informationstechnologien sind meines Erachtens zu differenzieren. Einerseits wehren sich Frauen gegen geschlechtspezifische Zuschreibungen und Festlegungen auf Reproduktionstätigkeiten. Andererseits wird der Umgang mit Informationstechnik mystifiziert und männlich besetzt. Der Rückgriff auf das Bild vom Hacker definiert auch die neuen Technologien als unweiblich. Diese Festschreibungen reproduzieren die Gleichsetzung von Technikkompetenz mit Männlichkeit.

Mystifizierungen der Technik und der Umgang mit ihr haben Einfluß auf das Verhältnis von Frauen zu den Informationstechnologien. Deshalb erscheint es aus einer feministischen Perspektive notwendig, öffentliche Diskurse über die Informationstechnologien auch im Hinblick auf mystifizierende Elemente zu untersuchen.

## Alle reden darüber, doch wovon sprechen sie eigentlich?

Die neuen Technologien bedürfen neuer Bilder und Begriffe. Schlagworte, Metaphern und Leitbilder wirken mit an ihrer sozialen und materiellen Konstruktion. Beispielhaft für das Reden über Informations- und Kommunikationstechnologien habe ich die Begriffe Multimedia, Interaktivität, Datenautobahn sowie

---

3 Susanne Gaschke: Frauen und Technik. In: Der Mensch im Netz, ZEIT-Punkte, Nr. 5/96, S. 46.

4 Joseph Weizenbaum: Computer Power and Human Reason. Harmondsworth 1976. Dt.: Die Macht der Computer und die Ohnmacht der Vernunft. Frankfurt/Main 1978.

virtuelle Realität und Cyberspace ausgewählt, die auf sehr unterschiedlichen Ebenen zu einer Mystifizierung beitragen.[5]

Im wörtlichen Sinne bedeutet *Multimedia* eine Kombination verschiedener Medien. So wurden bis vor kurzem schulische Lehrmittel, bei denen schriftliche Materialien um auditive (Kassetten) ergänzt sind, als multimedial bezeichnet. Mit Lichteffekten oder Videos unterlegte Pop- und Rockkonzerte hießen Multimedia-Shows. Heute wird der Begriff Multimedia fast ausschließlich dem Bereich der digitalen Medien zugeordnet. Eine Bedeutung, die er hier in Anknüpfung an den bisherigen Gebrauch erhält, ist die der Zusammenfassung und Wirkungsintegration von Text, Bild/Grafik, Musik/Ton, Video/Animation. Die Voraussetzung dafür ist die Digitalisierung, also die Möglichkeit, unterschiedliche Medien einheitlich speichern und verarbeiten zu können. In diesem Sinne bezieht sich der Begriff auf die Nutzung von Computerspielen, -lexika und Lernprogrammen am eigenen PC, der dafür mit Farbbildschirm, Soundkarte und CD-ROM-Laufwerk ausgestattet sein muß.

Als wesentliches Merkmal von Multimedia gilt die *Interaktivität*. Damit gesellt sich ein neuer, nicht im Wort anklingender Aspekt zum Begriff Multimedia hinzu. Interaktiv setzt sich zusammen aus ‚inter' = zwischen und ‚aktiv' = tätig, wirksam, wobei der Begriff in den letzten Jahren in bezug auf die ‚Akteure' einen Bedeutungswandel erfahren hat. Wurde früher mit Interaktivität eine menschliche Kommunikation, Handlung oder wechselseitige Beeinflussung zwischen Individuen und Gruppen assoziiert, bezeichnet er jetzt eher einen Datenaustausch zwischen Computer und AnwenderIn bzw. zwischen Rechnern untereinander. Meist bedeutet dies jedoch nur, daß die AnwenderIn Ausgaben erzeugen kann, die im Spektrum programmierter Auswahlmöglichkeiten liegen. Die ‚Aktivität' wird also von Anfang an stark begrenzt. Technisch wird eine interaktive Bedienung bisher durch Eingabegeräte wie Maus, Joystick und

---

[5] Vgl. dazu auch Achim Bühl: Cybersociety. Mythos und Realität der Informationsgesellschaft. Köln 1996.

die Gestaltung von Benutzungsoberflächen mit Menüs, Buttons und Fenstern gestützt.

Ausgehend von der bisherigen Begriffsbestimmung hat sich Multimedia zu einem Schlagwort entwickelt, das sich im Zuge fortschreitender technologischer Entwicklung schwer entschlüsseln läßt. Beispielweise kann die Titelzeile „Weniger Verkehrsunfälle durch Multimedia"[6] nur dann gedeutet werden, wenn Multimedia als Anwendung der Informations- und Kommunikationstechnologien für Verkehrsleitsysteme verstanden wird. Auf das Internet verweist der Begriff, wenn es heißt, daß „zu einer Adresse im Multimedia-Zeitalter" die E-mail-Adresse gehöre.[7] Multimedia erfährt häufig eine Gleichsetzung mit weltweiter Vernetzung, womit das Wort jedoch vom ursprünglichen Sinn entkoppelt wird. Dagegen knüpfen Assoziationen wie Videokonferenzen oder interaktives Fernsehen wieder stärker an eine Bedeutung an, in der das Mediale im Vordergrund steht.

Insgesamt dient Multimedia also als Platzhalter für jede Art von „informations- und kommunikationstechnologischen Entwicklungen ..., die es ermöglichen, bislang voneinander isolierte Bereiche wie Unterhaltungselektronik, Telekommunikation und Computertechnologie ... zu integrieren".[8] Doch selbst diese diffuse, auf das Technische abhebende Charakterisierung verschwimmt, wenn sich unter dem Titel Multimedia ein Beitrag über Telearbeit findet.[9] Die Verwendung des Begriffs Multimedia steht beispielhaft für die Verklärung der neuen Technologien: Es erfolgen keine Differenzierungen der technischen Voraussetzungen, Klärungen des Stands der Technik, Abgrenzungen zwischen Technologien und ihren Anwendungsbereichen oder zwischen technischen und gesellschaftlichen Entwicklungen. Auf dieser Grundlage können gesellschaftliche Auswirkungen des Einsatzes von Informationstechnologien nicht abgeschätzt werden.

---

6 Presse- und Informationsamt der Bundesregierung (Hg.): Chancen durch Multimedia. Was bringt die neue Technik? Bonn 1996, S. 58.

7 Ebd., S. 19.

8 Feministische Studien. Multimedia. Heft 1. Weinheim 1997, S. 3.

9 Ebd.

Eine andere Art, über die Informations- und Kommunikationstechnologien zu reden, besteht in der Verwendung von Metaphern. Ein Beispiel hierfür ist die insbesondere von Regierungsseite propagierte *Datenautobahn*. Bekannt wurde der ‚Data Highway' durch die Regierungserklärung des US-amerikanischen Vizepräsidenten Al Gore 1993, in der er die von Computerherstellern geforderte Schaffung einer Nationalen Informationsinfrastruktur unterstützte. Ein Jahr später nahm auch der sogenannte Bangemann-Bericht auf die Datenautobahn Bezug. Dort wurden auf europäischer Ebene Vorschläge zu verschiedene Bereichen wie Teleshopping, Telebanking oder Verkehrsleitsysteme gemacht.[10]

Als Metapher weckt die Datenautobahn Assoziationen wie staatlich ausgebaute Infrastruktur, gute Verbindung, schneller Transport, aber auch Stau und Umweltverschmutzung. Ein weiterer Aspekt, den die Analogie zum Autofahren suggeriert, ist, daß die Netznutzung für jede verständlich, durchschaubar und einfach zu überblicken ist. In Deutschland fiel die Metapher auf einen speziellen kulturellen Boden. Hier liegt auch ein Vergleich mit dem Bau der realen Autobahn nahe, der historisch auf den Kontext des Nationalsozialismus verweist. Das Autobahn-Großbauvorhaben, das im Deutschland der 20er Jahre flächendeckend vorangetrieben wurde, wurde als Kampf gegen Arbeitslosigkeit und Wirtschaftskrise angepriesen. Tatsächlich hatte es jedoch eher einen propagandistischen als einen beschäftigungspolitischen Effekt.[11]

Die Metapher Datenautobahn wird inzwischen immer häufiger durch den neutraler wirkenden Begriff der Infobahn ersetzt. Dies könnte darauf hin deuten, daß ein Erinnern des Faschismus genauso unerwünscht ist wie der Bezug auf soziale und politische Dimensionen des Einsatzes von Informationstechnologien. Die Infobahn steht stärker noch als die Datenautobahn für Verkabelung, Transport von Informationen und Geschwin-

---

[10] Martin Bangemann u.a.: Europa und die globale Informationsgesellschaft. Empfehlungen für den Europäischen Rat. Brüssel 1994.

[11] Vgl. Weert Canzler, Sabine Helmers, Ute Hoffmann: Die Datenautobahn. Sinn und Unsinn einer Metapher. In: Forum Wissenschaft, 1/95.

digkeit. Damit werden gesellschaftspolitische und wirtschaftliche Prozesse auf ihre technische Grundlage reduziert und der gesellschaftlichen Kontrolle entzogen. Dies leistet der Vorstellung Vorschub, daß Technik eigendynamisch das Soziale bestimmen würde.

Während die Begriffe Multimedia, Interaktivität und Datenautobahn auf bekannte Vorstellungen zurückgreifen, die in bezug auf die Informations- und Kommunikationstechnologien eine Umdeutung erfahren, kommt in den Begriffen virtuelle Realität, virtuelle Gemeinschaft und Cyberspace etwas qualitativ Neues zum Ausdruck. *Virtuell* ist abgeleitet von lat. virtus (Kraft, Vermögen) und bedeutet, daß etwas der Kraft oder der Möglichkeit nach vorhanden ist. Dieses Potentielle bedarf keiner gegenständlichen Erfahrungswelt. In diesem Sinne läßt sich bereits das Schreiben als Prozeß der Virtualisierung auffassen. „Denn mit der Schrift entsteht die Möglichkeit, statt das Symbolisierte durch das Symbol zu verdoppeln, eine ‚andere' Realität als die sinnlich wahrnehmbare einzuführen und zu symbolisieren."[12] Mit Hilfe bereits verbreiteter Computertechnik lassen sich diese ‚anderen' Realitäten nicht mehr nur durch Schriftzeichen, sondern beispielsweise auch durch grafische Modellierungen oder Simulationen erzeugen. In diesen Prozeß der Konstruktion scheinbarer Welten bringen die Technologien, die unter dem Begriff virtuelle Realität zusammengefaßt werden, eine neue Dimension ein, die als Immersion bezeichnet wird: Ziel der technischen Entwicklungen ist, die AnwenderInnen in einen computergenerierten Raum eintauchen zu lassen, den sie in ‚Echtzeit' durchwandern und verändern können. Dabei soll ihnen der Eindruck entstehen, sich in einer ‚realen' Welt zu befinden. Dies kann durch Datenhandschuh, Datenhelm, Fernrobotik oder Videoübertragung unterstützt werden.

Virtuelle Realität bezeichnet also eine Technik, durch die die Grenze aufgelöst werden soll, die der Bildschirm in bisher üblicher Computeranwendung für die Realitätswahrnehmung

---

[12] Christina von Braun: Nichtich. Logik Lüge Libido. Frankfurt/M. 1985, S. 94.

setzt. Darauf verweist bereits die paradoxe Zusammensetzung des Begriffs, der Nicht-Wirkliches, Nicht-Gegenständliches mit Realität vereint.

Auf Realitätsverschiebungen deutet auch die Herkunft des Begriffs *Cyberspace*, der durch einen Science-Fiction-Roman[13] bekannt wurde. Dort können die Protagonisten ihr Nervensystem direkt an ein weltumspannendes Netz anschließen. Der Cyberspace wirkt halluzinogen als Droge, also zerstörerisch auf die Individuen ein. ‚Cyber' geht zurück auf das griechische ‚kybernetike', die Steuermannskunst, so daß der Cyberspace für ein Navigieren im Raum (space) steht. Beim Eintauchen in virtuelle Umgebungen scheint eine gute Steuerung notwendig zu sein, um die Orientierung nicht zu verlieren. Damit sind einige der subjektbezogenen Folgen und Gefahren umrissen, die mit der Virtualisierung entstehen.

Häufig werden die Begriffe Cyberspace und virtuelle Realität jedoch abgekoppelt von diesem reflektierten Hintergrund. Stattdessen stehen sie für die Euphorie in Hinblick auf vermeintliche emanzipatorische Potentiale der Computervernetzung. Deutlicher wird dies etwa am Ausdruck *virtuelle Gemeinschaft*, den insbesondere der Wissenschaftsjournalist Howard Rheingold prägte[14]. Seine These ist, daß auf der Grundlage der weltweiten computervermittelten Kommunikation neue Gemeinschaften entstehen, die sich durch eine eigene, vielfältige Kultur auszeichnen. Dabei finden die Menschen nicht aufgrund von räumlicher Nähe oder Verwandtschaft zusammen, sondern als Interessensgemeinschaft. Der Begriff virtuelle Gemeinschaft stellt die Menschen in den Mittelpunkt, denen die neuen Technologien nur als Träger der Kommunikation dienen. Virtuelle Gemeinschaften ersetzten die sozialen Beziehungen der wirklichen Welt und würden eine Weltgemeinschaft mit basisdemokratischen Entscheidungsstrukturen bilden. Die Hoffnung auf Veränderung und Verbesserung der realen politischen Verhältnisse blendet jedoch aus, daß nur ein sehr geringer Teil der

---

[13] William Gibson: Neuromancer. München 1987.

[14] Howard Rheingold: Virtuelle Gemeinschaft. Soziale Beziehungen im Zeitalter des Computers. Bonn 1994.

Weltbevölkerung über die ökonomischen Voraussetzungen und die Bildung verfügt, um an diesem Prozeß teilzuhaben zu können.

Mit den Begriffen Cyberspace und virtuelle Realität wird versucht, der Faszination am Neuen oder Futuristischen Ausdruck zu geben. Sie ermuntern, Bilder einer Zukunft zu zeichnen, in der ganz neue, fremde Kulturen und Lebensformen bestimmend und bisher selbstverständliche Grenzen aufgelöst sind. „Cyberspace, Virtual Reality und Telepräsenz sind Schlagworte, die nicht nur völlig neue Techniken des Selbst in Aussicht stellen, sondern entsprechend auch neue Formen ihrer Verkörperung. Der Cyborg als eine neue Form material-körperlicher Existenzweise, in der digital-maschinelle und alte biophysiologische Bestände des Organischen sich zu einer neuen Lebensform verbinden, erscheint als Manifestation der Zukunft des Lebens."[15]

Zusammenfassend läßt sich feststellen, daß die öffentliche Diskussion das Verhältnis von Frauen und Informationstechnologien über geschlechtliche Zuschreibungen und die sprachliche Konstruktion der Technik mitkonstituiert, die einer Entzauberung und (Auf-)Klärung bedürfen. Doch selbst ein kritischer Gang durch die Mythen der Informationstechnologien läuft Gefahr, von konkreten Lebensrealitäten und gesellschaftlichen Machtverhältnissen wegzuführen. Mystifizierungen verschleiern nicht nur, sie lähmen die Urteilskraft und Handlungsfähigkeit. Gestaltungsmöglichkeiten geraten aus dem Blick. Nicht den Anschluß an die Informations- und Kommunikationstechnologien sollten Frauen behalten, sondern den Anschluß an die notwendigen gesellschaftspolitischen Aushandlungsprozesse um die neuen Technologien und die mit ihnen verbundenen Transformationen.

---

[15] Elisabeth List: Einleitung. In: Dies., Erwin Fiala (Hg.): Leib Maschine Bild. Körperdiskurse der Moderne und Postmoderne, Wien 1997, S. 16.

*Tanja Paulitz*

# Aneignung oder Ablehnung?

## Zum feministischen Internetdiskurs

Auch in der feministischen Medienlandschaft ist die Debatte um das Internet obligatorisch geworden. Mit einem Mal scheint es wichtig, zur Frage, was Feministinnen im Internet wollen, eine Position zu haben. Die Diskussionen bleiben aus meiner Sicht jedoch vorrangig im Austausch von Pro- und Contra-Standpunkten stecken. Überspitzt läßt sich das Szenario etwa so skizzieren: Die einen liefern zum Teil euphorisch, wissend die stark nachgefragten Informationen, während die anderen ihre Vorbehalte gegen die machtvolle unbekannte Größe formulieren. Eine Variante: Erfahrene Kennerinnen raten von den gefahrvollen, weil süchtig machenden, Untiefen des Netzes ab, während die Neuen gespannt darauf brennen, zum ersten Mal ‚'rein zu gehen', um *am eigenen Leib* die vielbeschworenen Abenteuer zu bestehen. Eine weitere Variante: Die Skeptikerinnen weisen entrüstet das Brandmal pauschaler Technikfeindlichkeit zurück, mit dem ihnen die *Technik-Freundinnen* kurzerhand begegnen (oder auch nicht) (vgl. Sabisch 1996, S. 10). Solche und ähnliche Diskussionsmuster spiegeln überdies eine relevant gewordene Diskrepanz zwischen vermeintlichen Expertinnen und Laiinnen wider. Das Wissen über das Internet begründet eine Hierarchisierung der Sprechpositionen, die politischen Debatten nicht selten den Charakter von Informationsveranstaltungen verleiht. Diese Struktur verstärkt schließlich erneut den Druck auf jede einzelne, sich zu informieren und *einen* (eindeutigen!) Standpunkt in Sachen Internet zu vertreten.

Der von Petra Sabisch aufgeworfenen Frage danach, woher dieses Diskursbedürfnis über die sogenannte ‚Neuen Medien' rührt, möchte ich im folgenen nicht nachgehen, wie auch nicht der daran anknüpfenden: „Warum überhaupt sich mit etwas auseinandersetzen, was bisher von so wenigen genutzt wird?" (Sabisch 1996, S. 9). Aufgrund der Tatsache, daß die Entwicklung elektronischer Informations- und Kommunikationstechnologien eine gesellschaftliche Realität darstellt, scheint es mir sinnvoller, auf die bestehenden Formen der Auseinandersetzung Einfluß zu nehmen.

Hintergrund dieser Fragen ist die Tatsache, daß das Internet lange Zeit nur wenigen Experten[1] als Kommunikationsmittel vorbehalten war. Damit repräsentiert es, wie andere technologische Werkzeuge auch, den gesellschaftlichen Ausschluß von Frauen aus der Technik. Mit der massiven Popularisierung des Internet in jüngster Zeit drängt sich plötzlich auch Frauen und feministischen Initiativen die Entscheidung auf, ob und wofür sie das noch unbestellte Feld nutzen wollen oder sollen? Dies geht mit der medial produzierten „apokalyptischen Drohgebärde" einher, *den Zug zu verpassen* (Sabisch 1996, ebd.). Gerade aufgrund männlicher Dominanz im technischen Bereich wird erneut die traditionsreiche feministische Frage nach *der richtigen* Strategie gestellt: Aneignung oder Ablehnung?

Das Ziel, eine Antwort darauf zu finden, wird seit geraumer Zeit auf unzähligen Tagungen verfolgt. Aus diesem Grund möchte ich mich zunächst mit den im feministischen Spektrum hervorstechenden Argumentationsstilen beschäftigen. Um der Grundsätzlichkeit der Entscheidung, die die Diskussionsmuster nahelegen, zu entkommen, scheint es mir wichtig, neue Fragen zu formulieren.

Im folgenden trage ich einige Argumente gegen Fraueninitiativen im Internet vor, die aus feministischen Zusammenhängen stammen. In einem zweiten Schritt möchte ich entlang weiterführender Fragen zu einer Bewertung dieser Standpunkte gelangen. Die Gegenüberstellung mit einem Projektbeispiel aus

---

[1] Die männliche Form ist hier bewußt verwendet!

dem alternativen Vernetzungsbereich soll schließlich Aktionsmöglichkeiten anbieten, die dem lähmenden Pro und Contra entgehen können.

In meinen abschließenden Überlegungen formuliere ich eine Kritik an der feministischen Debatte in der BRD mit dem Ziel, die Auseinandersetzungform hinsichtlich folgender Frage zu reflektieren: Was kann Computervernetzung feministischer Politik bringen und ob/wie stehen Netzinitiativen mit feministischen Zielen im Einklang?

## Darstellung der Argumente gegen das Internet

Exemplarisch für Diskussionen und schriftliche Äußerungen beziehe ich mich hier auf den Artikel „Argumente für das Internet?“ von Gudrun Fischer, der die wesentlichen mir bekannten Vorbehalte vorbringt (Fischer 1996, S. 64/65).

Die Argumente lassen sich den drei Eckpunkten Zugang zum Netz, Ressourcen und Inhalte im Netz zuordnen:

*Zugang:* Der Zutritt zum Internet setzt immer das Vorhandensein von Geld und Wissen voraus. Beides ist jedoch nur einer Weltelite zugänglich. Diese frönt in der Illusion globalen Surfens ihren imperialistisch gefärbten Machtphantasien. Für Feministinnen bedeutet eine Beteiligung daran letztlich, herrschaftsstabilisierend zu handeln. Erreichbarkeit für alle ist nicht gewährleistet.

*Ressourcen:* Die technischen und infrastrukturellen Ressourcen, die das Internet erst ermöglichen, sind *nicht* in der Hand von Frauen. Dies bedeutet, daß über die Beteiligung, Verbreitung und Beschaffenheit der Produktionsmittel nicht autonom entschieden werden kann. Autonome Frauenmailboxen können dieses Problem in letzter Instanz ebensowenig lösen, da auch sie überwachbar sind.[2] Autonomie im Sinne absoluter Abge-

---

[2] Prinzipiell kann jede Telefonleitung zur Mailbox bei der Nachrichtenübertragung abgehört werden. Nach der Neufassung des Telekommunikationsgesetzes behält sich der Staat zudem eine Reihe von Kontrollmöglichkeiten vor.

schlossenheit von herrschenden Institutionen ist in der elektronischen Kommunikation nicht zu erlangen.

*Inhalte:* Die Inhalte der Netze sind aufgrund von Quantität und Anordnung unübersichtlich. Darüber hinaus ist eine Vielzahl der im Internet installierten Themen und Informationen politisch abzulehnen. Fischer bezieht sich hier vor allem auf die Diskussionen um Werbung und Pornographie im Internet, aber auch allgemein auf die kulturimperialistische Prägung durch die USA. Feministische Medien sollten ihrer Ansicht nach überschaubar gestaltet und demokratisch sein. Auch dies kann das Internet nicht einlösen.

Zusammenfassend bringt Fischer ihre Position wie folgt auf den Punkt: „Internet und dessen Nutzungsbedingungen widersprechen vielen feministischen Prinzipien und *unseren Anforderungen an feministische Medien*: Autonomie, Überschaubarkeit, Erreichbarkeit für alle LesbenFrauen, gerade auch für die, die von diesem System an den Rand gedrängt wurden" (S. 64, Hervorhebung von mir). Die Nutzung elektronischer Kommunikationsmedien für feministische Politik wird von ihr im Grundsatz abgelehnt. Das von manchen NetzaktivistInnen z.T. übertrieben euphorisch gefeierte demokratische Potential der Netze reduziert sich am Ende des Artikels zu einer Art purer *Hochgeschwindigkeitskommunikation*, einem individuellen, berauschenden Selbsterfahrungsspiel: „Wenn auf schnelle virtuelle Kommunikation bestanden wird, dann bitte nicht mit dem Argument, damit könnten sich politische Verhältnisse ändern!" (S. 65).

## Formulierung weiterführender Fragen

Wie ist eine solche Analyse, die elektronische Vernetzung in allen Aspekten mindestens für ungenügend erklärt, zu bewerten? Dabei geht es mir weniger darum, die vorgetragenen Argumente im einzelnen zu widerlegen, sondern eher darum, die *Ebene*, auf der dieser Standpunkt entsteht, zu kritisieren. Denn: Es ist vollkommen richtig, daß es Zugangsbeschränkungen gibt, daß Frauen nicht unabhängig über Vernetzungsstrukturen entscheiden, daß Informationen in den Netzen unstrukturiert und chaotisch angeordnet sind und überdies - quantitativ betrachtet - selten feministischen Zielen dienen. Welcher Schluß ist daraus zu ziehen?

Eine einfache Antwort auf diese Frage würde auf zwei Annahmen basieren, die ich hier problematisieren will: Zum einen haben die feministischen Diskussionen der letzten Jahre deutlich gezeigt, daß *Frauen* keine homogene gesellschaftliche Gruppe darstellen. Deshalb ist auch nicht zu erwarten, daß sie in bezug auf Netzwerke dieselben Ziele verfolgen. Zum anderen ist *die Technik* ebenfalls kein monolithisches Gebilde, sondern ein nach diversen Gestaltungsprinzipien entstandenes und historisch gewachsenes Betätigungsfeld, das unterschiedliche Gestaltungs- und Handlungsweisen erlaubt. Das Problem liegt also bereits in der Fragestellung. Sie muß folglich differenziert und - wie ich denke - auf konkretere Zusammenhänge bezogen werden. Welchen Frauen/Lesben bringen welche technischen Werkzeuge für welche Ziele welchen Gewinn?

Aufgrund der konstatierten Differenzen zwischen Frauen und der Heterogenität der Technik selbst, schlage ich vor, die einzelnen Eckpfeiler genauer zu untersuchen:

*Zugang:* Welche Zugangsbarrieren gibt es? Entlang welcher gesellschaftlichen Linien verlaufen sie? Wie verhält es sich mit dem Zugang zu unterschiedlichen Kommunikationsformen im Internet (Eine wichtige Differenzierung ist vor allem der Zugang zu E-mail im Vergleich zum Zugang zum World Wide Web)?

*Ressourcen:* Inwiefern widerspricht der Autonomiegedanke dem Vernetzungsgedanken? Fordert Vernetzung die Abschaffung autonomer Strukturen? Schließen autonome Strukturen die Gestaltung und Nutzung nicht-autonomer aus? Welche Grenzziehungen bestehen innerhalb des Internet als Netzwerk verschiedener Netze? Wann sind autonome, geschlossene Foren notwendig? Wann offene? Welches Potential bietet welche Infrastruktur, z.B. um sich staatlichen Kontrollinteressen zu entziehen?

*Inhalte:* Welche unterschiedlichen Informationsstrukturen und Kommunikationsformen existieren im Internet? An welchen Stellen können eigene Aktionen zu denen anderer in Beziehung gesetzt werden? Nutzen *wir* - ketzerisch gefragt - das Publikationsmedium des *Feindes*, wenn Frauenseiten ‚neben'[3] seinen stehen (Fischer 1996, S. 64)? Welche Chancen halten Chaos und Offenheit für feministische Informationspolitik bereit? Welche Informationen sollen auf Papier niedergeschrieben, am Telefon gesprochen, im Computer gespeichert oder über ein Netzwerk verbreitet werden?

Die oben entwickelten Fragen werden im Rahmen dieses Beitrags nicht von mir beantwortet, sondern verstehen sich als Vorschläge für eine Debatte, die das Feld unterschiedlicher technischer Möglichkeiten und divergierender Fraueninteressen differenzierter abstecken will. Ich denke, eine Beantwortung sollte auf Projekt*erfahrungen* mit dem Netz zurückgreifen. Aus ihnen lassen sich vielleicht klarere Perspektiven, Chancen und Risiken ableiten.

## Aktionsfelder frauenpolitischer Netzprojekte

Die Frauen-Mailboxvernetzung in der BRD steht für die Strategie der Aneignung der Netztechnologie als Antwort der Frauen auf den eingangs genannten gesellschaftlichen Ausschluß. Bei der Gründung des Frauennetzes WOMAN waren folgende Anliegen maßgeblich:[4]

*Zugang:* Die einzelnen Mailboxen schaffen einen kostengünstigen Zugang zum Netz, der Frauen vorbehalten ist.[5] Frau-

---

3 Wenn dieses Nebeneinander z.B. mit einer Zeitschriftenauslage am Kiosk verglichen werden kann!

4 Als Mitinitiatorin dieser autonomen Strukturen (Mitgründerin des Frauen-Mailbox-Netzwerks WOMAN und Mitbetreuerin der Frauen-Mailbox FEMAIL in Frankfurt/M.) nehme ich deshalb bei den vorgestellten Überlegungen eine spezifische Innenposition ein.

5 Sie nutzen das Internet teilweise, sind jedoch von ihm unabhängig organisiert/organisierbar. Die Investitionen in Geräte und die Beanspruchung der Telefonleitung sind bei den Übertragungsverfahren mit Mailboxen im

en werden in der Ausbildung technischer Kompetenz gefördert und durch die explizite Zielgruppenorientierung zur Beteiligung motiviert. Frauen-Mailboxen ermöglichen einen spezifischen Netzzugang, und zwar zu internationaler E-mail sowie zu einer Auswahl an regionalen und überregionalen Diskussionsforen.

*Ressourcen:* Die Betreiberinnen der Mailboxen entscheiden gemeinsam über die Nutzung der Ressourcen und schaffen frauenrelevante Diskussionsforen, deren Verbreitung im Netz selbst ausgehandelt wird. Durch Zusammenschlüsse von Frauen-Mailboxen entstehen autonome überregionale Frauenräume.

*Inhalte:* Die virtuellen Räume sind thematisch an Frauenbelangen orientiert und bieten Frauen inhaltliche Bezugspunkte zu Interessen, die im Internet größtenteils eher ausgespart bleiben. Die inhaltliche Struktur der Foren und die relativ überschaubare Teilnehmerinnenzahl in Mailboxnetzen vermindert Anonymität und verleiht nach meiner Einschätzung der Kommunikation eine gewisse soziale Qualität.

Indes erscheinen die traditionellen Forderungen nach Partizipation und selbstbestimmtem Umgang mit Technologie, die der Aneignungsstrategie von Frauen-Mailboxen zugrundeliegen, angesichts der aktuellen Entwicklung nicht ganz unproblematisch: Sie sind erstens aufgrund der festgestellten Differenzen zwischen Frauen zu pauschal verfaßt. Zweitens hat die einfache Parole „Frauen ins Netz“ in Zeiten, wo eine flächendeckende Vernetzung der Republik angestrebt wird, an emanzipatorischer Kraft eingebüßt. Die unspezifizierte Forderung nach Frauenzugängen zu elektronischen Netzen greift vor diesem Hintergrund zu kurz. Ich denke, daß überlegt werden sollte, *wie* feministische Frauen Vernetzungsstrukturen (mit-)gestalten wollen, damit sie politisch nutzbar sind.

Hierzu ein Kontrastbeispiel aus dem osteuropäischen Raum, das Projekt ‚Electronic Witches‘, in dem der Einsatz von E-mail von Frauen gezielt gefördert und umgesetzt wird. Der Blick auf Ost-West-Differenzen verdeutlicht zugleich den Un-

---

Vergleich zu anderen Zugängen eher gering.

terschied in der Haltung von Frauen in bezug auf elektronische Medien in einer anderen Gesellschaft *und vor allem* unter anderen politischen Bedingungen. Dieses Beispiel macht deutlich, daß das Internet nicht lokal betrachtet und bewertet werden kann. ‚Electronic Witches' begann 1994 in Zagreb und zielte darauf ab, den Frauenzugang zu E-mail zu verbreitern. Wie ist das Projekt im Rahmen des formulierten Fragenkatalogs anzusiedeln?

*Zugang:* Im wesentlichen wurden frauenspezifische E-mail-Kurse durchgeführt und die für den Netzanschluß notwendige Ausrüstung beschafft und finanziert. Nach und nach wurden Zielgruppen an verschiedenen Standorten und unterschiedlicher nationaler Zugehörigkeit angesprochen.

*Ressourcen:* Seine besondere Bedeutung erhält das Projekt vor dem Hintergrund, daß Frauen während des Krieges auf dem Balkan an der Übermittlung lebenswichtiger und politisch relevanter Informationen über die vornehmlich von Männern getragenen elektronischen Netze teilnehmen konnten. Diese Netze besaßen deshalb einen bedeutenden Stellenwert, weil die direkten Telefonleitungen zwischen einzelnen Teilen des ehemaligen Jugoslawien gekappt waren.[6]

*Inhalte:* Auf elektronischem Wege wurden einerseits private Nachrichten ausgetauscht und familiäre Kontakte aufrechterhalten. Andererseits dienten sie als Transportmittel für die Kriegsberichterstattung. Durch geschlechtsspezifische Trainings wurden Barrieren abgebaut und zwischen die Berichte *über* Frauen, Kinder und Alte mischten sich auch solche *von* Frauen.

Eine Aktivistin beschreibt ihre Erfahrungen folgendermaßen: „Generell habe ich beobachtet, daß Frauen die Technik rasch nutzen für E-mail-Austausch mit KollegInnen, GeldgeberInnen, FreundInnen, Familienmitgliedern, oder um bezogen auf ihre Arbeit eine breite Informationsbasis zu nutzen. Organisationsaktivitäten, Berichte und Ansichten über aktuelle Er-

6 Da die elektronische Datenübertragung nicht auf direkte Verbindungen angewiesen ist, wurde Information auf einem ‚Umweg', nämlich auf den vorhandenen internationalen Telefonleitungen über einen Netzknoten in Bielefeld von einem Kriegsgebiet ins andere vermittelt.

eignisse werden in öffentlichen E-mail-Konferenzen verbreitet, Solidaritätsadressen werden ausgetauscht, Verbindungen zu internationalen Organisationen ausgeweitet und persönliche Beziehungen gepflegt" (Turnipseed 1996, S. 63).

Im ehemaligen Jugoslawien ist die Resonanz von Frauen auf den Zugang zu elektronischen Netzen stark. Sie sehen offenbar konkret, wie sie dieses Werkzeug praktisch für ihre Anliegen einsetzen können. E-mail wird aktiv von Frauen zur politischen Einflußnahme genutzt, z.B.: „Neben dieser E-mail-Nutzung, um Informationen über die Weltfrauenkonferenz zu bekommen, diente E-mail Aktivistinnen in Bosnien und Herzegovina, Kroatien und Serbien auch dazu, einen gemeinsamen Workshop über die Konferenz zu planen und Geldmittel für die Konferenzteilnahme zu beschaffen" (Turnipseed 1996, S. 64).

## Abschließende Überlegungen: Kritik und Vorschlag

Der Unterschied zwischen den Erfahrungen aus dem Projekt ‚Electronic Witches' und den vorher referierten Argumenten gegen das Internet läßt sich m.E. in zwei grundsätzliche *Haltungen und Praxen* zuspitzen: Es wird deutlich, daß der theoretischen Debatte in der BRD darüber, wie die Nutzung des Internet politisch korrekt zu bewerten ist, eine eher pragmatische Nutzung der vorhandenen Möglichkeiten unter extremen politischen Bedingungen gegenübersteht. Die Kontrastierung dieser hochgradig unterschiedlichen und eigentlich inhaltlich kaum vergleichbaren Entscheidungsräume spiegelt eindrücklich die *Ebene* wider, auf die sich die bundesdeutschen Auseinandersetzungen begeben haben, und macht diese somit bewußt und hinterfragbar.[7]

---

[7] Die Gegenüberstellung zielt nicht darauf ab, Zensurdebatten etwa als privilegierte Gedankenspielereien zu diskreditieren. Sie sind gerade in einer Situation notwendig, in der das Internet massiv mit staatlichen Kontroll- und Regulierungsinteressen konfrontiert wird. Fragen der Kontrolle und der Veränderung von Erfahrungsräumen halte ich prinzipiell für alle Medien wesentlich.

Ein auffälliges und problematisches Merkmal in der hiesigen Debatte scheint mir der formulierte Rückbezug auf ein *authentisches Wir*. Dieses ‚Wir' zerbricht sich erstaunlich viel den Kopf darüber, wie es sich vor den Unannehmlichkeiten durch *entfremdete* Kommunikation bewahren kann. Ich halte dies für einen teilweise recht romantisch anmutenden Rückbezug auf vermeintlich *echtere* soziale Gemeinschaften, die das Internet als Bedrohung erfahren. Im Kontrast zu ‚Electronic Witches' fällt ins Auge, auf welchen Privilegien eine solche Sprecherinnen-Position u.U. beruht, die überdies vorgibt, die Interessen der gesellschaftlich Schwächeren (mit-) zu repräsentieren. Auch hier zielt die Rede vornehmlich auf Ablehnung im Grundsatz, ohne ein Nebeneinander verschiedener Kommunikationsformen für divergierende Belange einzuräumen. Eine Argumentation auf der Basis „Unserer Anforderungen an feministische Medien" beruft sich allerdings auf eine Gemeinschaft, die ihrerseits Ausschlüsse produziert und vielleicht allzu schnell die Definitionsmacht des „Wir wollen (nicht)" und „Wir brauchen (nicht)" für sich beansprucht. Ich denke, die feministische Diskussion sollte sich mit der Tatsache auseinandersetzen, daß gerade E-mail (nicht der Zugang zum World Wide Web) in einigen Ländern und Regionen ein bereits heute verwendetes und zunehmend interessantes Kommunikationsmittel *ist*.[8]

Direkte stabile Telefonverbindungen, zuverlässige Postzustellung, Zugang zu Printmedien bzw. die Mittel zur Produktion von Printmedien sind nicht zu jeder Zeit bzw. in allen Ländern vorhanden. Daß die bundesweite Frauenvernetzung über eine Kommunikations-Infrastruktur verfügt, die die *Wahl* eröffnet, zusätzlich noch E-mail zu nutzen, entspricht nicht der weltweiten *Standardausstattung*. Viele Feministinnen besitzen einen kostenlosen Zugang zum Internet an der Universität oder am Arbeitsplatz. Anstelle des *korrekten* Verzichts auf dieses Privileg sowie anstelle einer individualistisch-konsumgeleiteten Ver-

---

[8] Ex-Jugoslawien dient hier als Beispielprojekt für den gezielten Einsatz von E-mail, das nicht in einem der reichen Industrieländer angesiedelt ist.

netzungseuphorie wäre ich dafür, daß Frauen ihre Möglichkeiten nutzen, um Akteurinnen im Netz zu werden.

## Literatur


Fischer, Gudrun, 1996, Argumente für das Internet? In: Koryphäe Nr. 20, Okt. 1996, S. 64/65

Sabisch, Petra, 1996, Cybertopia oder: Was im Diskurs über die ‚Neuen Medien' passiert. In: HFZ 49, S. 9-11

Turnipseed, Kathryn, 1996, Frauen im Cyberspace - vom Rand ins Zentrum. In: Auf dem Weg in die Kabeldemokratie. Dokumentation der frauenpolitischen Konferenz. Hrsg.v. Frauenanstiftung e.V., Hamburg. S. 58-67

*Heidi Schelhowe*

# Die Krise für Veränderungen nutzen!

## Technologie und Geschlechterverhältnis in der Informationsgesellschaft

In den 80er Jahren begannen Personal Computer sich in allen Poren unserer Gesellschaft, in Erwerbsarbeit, in Dienstleistungen, in unterschiedlichen Lebensbereichen einzunisten. Eine zentrale Bedeutung bekam die Frage, wie Menschen - sei es als ArbeitnehmerInnen, als KonsumentInnen oder KlientInnen - für die Benutzung dieser Technologie qualifiziert werden können. Sie wurde auch als eine Frage des Geschlechts thematisiert: Gerade für Frauen, für ihre Rolle im Erwerbsleben und für ihr Selbstverständnis in der Gesellschaft schien es wichtig, Kompetenz für Computerarbeitsplätze zu erwerben, Respekt vor einer Technik, die zunehmend männlich attribuiert wurde, zu verlieren und sich als versierte Nutzerinnen zu behaupten. Die üblichen gemischtgeschlechtlichen Schulungskurse wurden als unzureichend betrachtet, weil sie sich an männlichen Teilnehmern und an männlichem Lernverhalten orientierten. So ergriffen eine Reihe engagierter Expertinnen die Initiative, Computerkurse nur für Frauen in Bildungseinrichtungen, in Betrieben, in der Freizeit zu organisieren. Schon in den 80er Jahren gab es jedoch auch die Warnung, über den technischen Fertigkeiten nicht die politische Diskussion um eine grundsätzlichere Änderung des Geschlechterverhältnisses zu vergessen und auch mittel- und langfristige Entwicklungen im Auge zu behalten.

Der Einfluß von Frauen auf die Gestaltung von Technologie und auf ihre Anwendungen hat sich bis heute kaum erhöht. Den gesunkenen Anteil weiblicher Informatikstudierender müssen wir vielleicht sogar dahingehend interpretieren, daß der Einfluß sich verringert hat.

Ich möchte mit meinem Beitrag über eine Parole „Frauen ans Internet!“, die an die Tradition früherer Frauen-Computer-Kurse anknüpft, hinausweisen und grundsätzlicher danach fragen, welche Veränderungen im Geschlechterverhältnis wir uns im Zusammenhang mit der Informationsgesellschaft und der Weiterentwicklung und Verbreitung von Informationstechnologie erhoffen. Grundlage meines Beitrags ist die Überzeugung, daß es für die Frauenbewegung sinnvoll ist, die gegenwärtigen gesellschaftlichen Umbrüche als eine Krise gesellschaftlicher Arrangements zu betrachten, die Grundlage der bürgerlich-patriarchalen Gesellschaft seit dem 18. Jahrhundert sind.

Einige Indizien sprechen dafür, daß die gegenwärtige Gesellschaft sich in einem Prozeß grundlegender Veränderungen befindet. Diese Veränderungen können in ihrer fundamentalen Bedeutung verglichen werden mit dem Umbruch von der feudalen zur bürgerlichen Gesellschaft, von der Agrar- zur Industriegesellschaft. Dies äußert sich nicht nur in ökonomischen Umwälzungen, sondern auch in vielerlei anderen Bereichen der Gesellschaft, in Wissenschaft und Technologie, in neuen Anforderungen an die Bildung, in der Kultur, in neuen Vorstellungen von Öffentlichkeit und von Individualität.[1]

Ich möchte diese Veränderungen im folgenden betrachten vor dem Hintergrund meiner Forschungspraxis im Bereich ‚Informatik und Gesellschaft‘. Dort habe ich mich in den letzten Jahren vor allem mit wissenschaftstheoretischen Fragestellungen beschäftigt, mit der neuerdings wieder aufgebrochenen Debatte um das Selbstverständnis der Informatik und mit der Frage nach dem spezifischen und neuartigen Charakter des Artefakts[2] Computer. Vor diesem Hintergrund will ich im folgen-

---

[1] Es sind in den letzten Jahren eine Vielzahl von Büchern und Aufsätzen erschienen, die diese Veränderungen zu beschreiben und zu analysieren versuchen. Ich möchte z.B. auf die zusammenfassende Darstellung vom Achim Bühl (Bühl 1996) verweisen.

[2] Ich benutze den Begriff ‚Artefakt‘, weil es im Deutschen meines Erachtens keinen geeigneten Begriff gibt, um vom Computer allgemein als einem hergestellten Gegenstand, der sowohl als Maschine wie auch als Werkzeug

den drei Aspekte der gegenwärtigen Veränderungen betrachten: Das Technikverständnis, das Verständnis von Öffentlichkeit und Privatheit, Vorstellungen von Identität.[3]

## 1. Technikverständnis

Bis heute gibt es Bereiche, die scheinbar unerschütterlich mit Männlichkeit verknüpft sind: Neben dem Militär ist es vor allem das Feld technischer Kompetenz. Trotz zahlreicher Kampagnen und Fördermaßnahmen steigt die Zahl der Studentinnen in technischen Fächern nur sehr zögerlich; die der Informatikstudentinnen ist nach einem erfreulichen Anstieg Anfang der 80er Jahre bis 1995 wieder drastisch gesunken. Auch wenn Frauen im Erwerbsleben Computer genauso häufig benutzen wie Männer, so fehlen sie doch in den Bereichen, wo Hardware und Software geplant, entwickelt und konstruiert werden. Im Alltag, in der Freizeit, sind sie eher verhalten, was die spielerische Aneignung neuester technischer Erfindungen betrifft.

Selbst dort, wo vereinzelt Frauen in Bereiche hineingekommen sind, denen die Gesellschaft höchste technologische Relevanz zuschreibt, können diese Frauen ihre technische Kompetenz offensichtlich selbst nur schwer akzeptieren und in ihr Selbstbild integrieren. Ulrike Erb hat im Rahmen ihrer Dissertation (Erb 1996) mit promovierten Informatikerinnen gesprochen und sie nach ihrer technischen Kompetenz befragt. Ganz überwiegend haben diese Frauen von sich selbst behauptet, daß ihre Tätigkeit eher am Rande der Technik anzusiedeln sei, nicht zum technischen Kern gehöre. Diese Selbsteinschätzung, daß sie nicht ‚richtig' technisch arbeiteten, äußern Frauen selbst dann, wenn sie z.B. mit Betriebssystemen (einem Gebiet, das

wie auch als Medium gesehen werden kann, zu sprechen. Am ehesten könnte man dies noch mit dem deutschen Wort ‚Gerät', das aber nichts darüber aussagt, ob es einfach vorgefunden oder hergestellt ist, übersetzen.

3 Gabriele Winker geht in ihrem Beitrag in diesem Buch auf den zentralen Bereich der Arbeit ein.

in der Informatik als besonders ‚technisch', im engeren Sinn, gilt) beschäftigt sind.

Frauen und Mädchen - dies zeigen auch Untersuchungen, die sich mit dem geschlechtsspezifischen Zugang zum Computer in der Schule befassen - möchten nicht als Computerfreaks gelten, sie wollen lieber mit sozialer Kompetenz identifiziert werden. - Und dies scheint ihnen mit Technikfaszination nicht so recht vereinbar.

Umgekehrt bedingen sich Männlichkeit und Technik gegenseitig. Männer fühlen sich in ihrer Männlichkeit aufgewertet, wenn sie sich mit Technik umgeben. Gleichzeitig gelten auch wiederum Dinge, die Männer tun, eher als technisch. Cynthia Cockburn hat in ihrer Untersuchung unterschiedlicher Industriezweige in England (Cockburn 1988) gezeigt, daß Bereiche, in denen vorwiegend Männer tätig sind, ein besonders technisches Image bekommen. Selbst wenn Frauen die gleichen technischen Geräte benutzen, werden diese nicht als kennzeichnendes Merkmal für ihre Tätigkeit angesehen.

So ist auch das Bild vom Computerhacker, dem ein außergewöhnlich hohes technisches Know how zugeschrieben wird, nur schwer als eine Rolle vorstellbar, die von einer Frau ausgefüllt wird. Eine skandinavische Untersuchung (Håpnes/Rasmussen 1991) belegt, daß das Bild des Hackers immer noch stark die Vorstellung vom idealen Informatikstudenten prägt, selbst wenn dies nicht die offizielle Version der verantwortlichen Professoren ist und obwohl sogenannte Hacker nur einen sehr geringen Prozentsatz der Informatik-Studierenden ausmachen. Der introvertierte, fanatische Hacker, mit zerzausten Haaren und ungepflegtem Äußeren, der die Nächte am Rechner verbringt, ist aber wohl kaum das geeignete Vorbild für junge Frauen, die darüber nachdenken, ein Informatikstudium zu beginnen.

Dies alles deutet darauf hin, daß technologische Kompetenz in erster Linie als ‚nicht-weiblich' betrachtet wird - in relativer Unabhängigkeit von den tatsächlichen Anforderungen und faktischen Tätigkeiten.

An der Informatik läßt sich zeigen, daß das, was unter Technik verstanden wird, sich gegenwärtig grundlegend ändert. Dennoch und gleichzeitig wird dieser Bereich in kulturellen Zuschreibungen als Bereich von ‚High Tech' reklamiert. Dadurch wird gewährleistet, daß auf einem Gebiet, das von großem Einfluß für die Gestaltung der Zukunft sein wird, männliche Dominanz gewahrt bleibt.

Die Informatik ist als eine neuartige Verbindung von Ingenieurwissenschaft und Mathematik entstanden. Während sie sich einerseits auf eine physikalische Maschine bezieht, geht es andererseits darum, Informationen, Zeichen, die für *Menschen* Bedeutung haben, in eine solche Form zu bringen, daß sie von einer Maschine, die keine Bedeutung kennt, verarbeitet werden können. Informationssysteme müssen umgekehrt auch wieder so gestaltet werden, daß diese Daten nach der Verarbeitung durch die Maschine im Kontext menschlichen Handelns wieder sinnvoll integriert werden können.

Die Informatik hat es zwar einerseits mit einer Hardware und insofern wie jede Ingenieurdisziplin mit der Konstruktion von Maschinerie zu tun. Auf der anderen Seite jedoch gewinnt mit der zunehmenden ‚Abnabelung' der Software von der Hardware der Zeichenaspekt eine größere Rolle. Die Tätigkeit von InformatikerInnen verlagert sich mit der Höherentwicklung der Programmiersprachen mehr und mehr auf die informationelle Seite. So geht es weniger darum, ein schon in formalisierter Form vorliegendes Problem einer Maschine ‚verständlich' zu machen, es zu codieren, es in eine Maschinensprache zu übersetzen. Vielmehr kommt es heute mehr und mehr darauf an, daß InformatikerInnen in der sozialen Wirklichkeit agieren und dort in einem ‚diffusen' Problemfeld das Formalisierbare ausmachen können. Aus Tätigkeiten, die von menschlichem Verstehen und menschlicher Intuition geprägt sind, müssen sie formale Beschreibungen herausfiltern, die von einer Maschine ‚verstanden' und ausgeführt werden können. So erfordert Informatikkompetenz weit mehr noch als die klassische Ingenieurkompetenz die Fähigkeit, sich in einem sozialen Umfeld orientieren, Probleme dort erfassen zu können und Entwürfe für die Neu-Organisation von Arbeit und Lebenswelt zu machen.

Mit der Informatik hat sich also der Begriff von Technik verändert. Indem jetzt auch Software als Technik gilt, ändern sich die klassischen Vorstellungen und damit auch die (eng mit Männlichkeit verknüpften) Bilder von Technikkonstruktion und Technikbeherrschung. Technikkonstruktion zielt hier nicht mehr auf das Funktionieren einer physikalischen Maschine als Qualitätsmerkmal. Das logische Durchdenken und das physikalische Funktionieren reichen weniger denn je aus als Kriterium für ‚gute' Technik. Vielmehr ist ein Verständnis für Arbeits- und Lebensprozesse gefordert, damit Menschen die Datenverarbeitung durch die Maschine als sinnvoll erkennen und sie in ihre Handlungen einbetten können. Erst daran aber, daß Menschen Software sinnvoll in ihre Tätigkeit einbinden können, zeigt sich, ob der Konstruktionsprozeß gelungen ist oder nicht.

Heute wird auch in der Bundesrepublik das Selbstverständnis der Informatik erneut diskutiert. Das Spektrum der Auffassungen reicht von der Behauptung, die Informatik sei eine streng formale Wissenschaft wie die Mathematik, über die Meinung, es handele sich eher um eine Ingenieurdisziplin, bis hin zu neueren Debatten, in denen die Informatik als Geistes-, Arbeits- oder Gestaltungswissenschaft, neuerdings auch als eine Art Medienwissenschaft, gesehen wird (vgl. zu dieser Debatte auch Coy et al. 1992).

Die Konstituierung eines neuen Selbstverständnisses der Informatik ist für Frauen von Bedeutung: Die klassischen Zuordnungen von Geschlecht zu bestimmten Arten des Denkens, der Methodik, der Fachdisziplinen verlieren ihre Gültigkeit. Gleichzeitig wird deutlich, daß alte Machtstrukturen auf neue geschlechtsspezifische Festlegungen und Definitionen hinwirken. So beginnt sich abzuzeichnen, daß Informatik – obwohl die Inhalte neuartig und andersartig sind – in der Öffentlichkeit als Ingenieurdisziplin begriffen wird und sich damit für Frauen und Mädchen schließt.

Dabei ist auch auf der Ebene der Benutzung des Computers deutlich, daß sich Bedingungen und Voraussetzungen, die bislang für einen erfolgreichen Umgang mit technischem Gerät gelten, ändern: Mit den neuen Benutzungsschnittstellen des Computers werden neue Arten des Vorgehens möglich und denkbar. Neben der regelorientierten, präzisen, ‚harten' Herangehensweise werden zunehmend Attribute für neue, andere Stile genannt, die mit Vokabeln wie intuitiv, interaktiv oder artistisch belegt werden. Durch grafische Schnittstellen und Konzepte wie ‚Direkte Manipulation' und ‚Virtuelle Realität' wird diese konkrete Art des Umgangs ermöglicht (zu Veränderungen im Bild vom Computer in der Informatik siehe auch Schelhowe 1997).

In ihrem Buch „Die Wunschmaschine" und deutlicher noch in dem neueren Buch „Life on the Screen" unterscheidet Sherry Turkle (Turkle 1984, 1995) eine ‚harte' und eine ‚weiche' Art des Programmierens und des Umgangs mit Computern. Sie weist darauf hin, daß sowohl Männer als auch Frauen das herrschende und hauptsächlich anerkannte Modell einer ‚harten' Computerbenutzung und -programmierung mit Männlichkeit identifizieren. Strukturiertes, planvolles Programmieren, handwerkliches Vorgehen und Abstraktion werden ihrer Meinung nach bevorzugt und männlicher Kompetenz zugeordnet. Daneben, so sagt sie, gibt es eher ‚weiche', künstlerische und konkrete Vorgehensweisen. Dabei liegen eher Vorstellungen von Experiment und Dialog statt von Regeln und Beherrschung zugrunde. Diese können ebenso erfolgreich sein im Umgang mit dem Computer, sie werden aber eher diskriminiert und mit Weiblichkeit identifiziert.

Es gibt also verschiedene Hinweise darauf, daß heute neue Formen der Konstruktion und des Umgangs mit Artefakten relevant und sichtbar werden, die mit den alten, auf Männlichkeit fixierten Formen nichts oder nur sehr wenig zu tun haben. Das heißt nicht, daß diese andersartigen Nutzungsformen ‚weiblich' sind. Es heißt vielmehr, daß die geschlechtsspezifische Etikettierung technischer Kompetenz, also eine Identifizierung von Technik mit (angeborenen oder sozialisierten) Persönlichkeitsmerkmalen von Männern, umso lächerlicher und unsinniger erscheinen könnte. Dennoch oder gerade deswegen gibt es eine hartnäckige Tendenz, diese neuen Formen dem alten Begriff von ‚Technik' zuzuordnen. Die Chancen, dies als pure Ideologie zur Aufrechterhaltung herrschender Verhältnisse zu sehen, waren nie so günstig wie heute: Die neue Technologie läßt ganz offensichtlich eine Vielfalt des Zugangs und Umgangs zu, die nicht mit den Eigenschaften (nur) eines Geschlechts in Zusammenhang gebracht werden kann.

## 2. Öffentlichkeit und Privatheit in den Computernetzen

Mit der Herausbildung der bürgerlichen Gesellschaft im 18. Jahrhundert gilt die neu entstehende Öffentlichkeit als Raum des Mannes, während der Frau das Private zugeordnet wird. Einerseits werden Frauen damit aus den Sphären des Politischen ferngehalten, andererseits werden die Bereiche, die als privat gelten, gesellschaftlichem Einfluß und gesellschaftlichen Regelungen weitgehend entzogen.

In den 70er Jahren lautete eine zentrale Aufforderung der Frauenbewegung, Privates öffentlich zu machen und ihm politischen Charakter zu verleihen. Frauen begriffen die Intimität des Privaten, die Enge der Kleinfamilie, den Zwang zur individuellen Problemlösung nicht als geschützten Ort zur Herausbildung des ‚autonomen Individuums' – wie es der bürgerlich-partriarchalen Ideologie entsprach –, sondern sie sahen in der Definition des Privaten auch die Einschränkung weiblicher Entfaltungsmöglichkeiten und ihres Rechts auf Selbstbestimmung. Die öffentliche Diskussion, die Hoffnung auf eine kollektive Lösung individueller Probleme, die Politisierung begriffen Frauen als einen entscheidenden Schritt ihrer Emanzipation.

Mit dem Computer als technischer Grundlage der Netze bieten sich heute neben einer massenmedialen Nutzung der Informationstechnologien auch neue Möglichkeiten der Zweiweg-Kommunikation, vergleichbar dem Telefon. Die Computernetze bieten *auch* die Chance zur Bildung von Netzwerken von unten, die der Informationsvermittlung nur von *einem* Sender zu vielen anonymen Empfängern etwas entgegensetzen, nämlich eine Gegenseitigkeit, eine Kommunikation vieler verschiedener NetzteilnehmerInnen.

Es deutet sich an, daß sich mit den Computernetzen auch eine neue Art von Öffentlichkeit entwickeln könnte. Einerseits halten zwar die Formen von Öffentlichkeit, die wir kennen und die sich in den klassischen Massenmedien formiert haben, auch im Internet zunehmend Einzug. Andererseits aber gibt es auch die verschiedensten Arten von Netzwerken, in denen sich z.B. Frauen aus verschiedenen Nationen zusammenfinden unter bestimmten Interessen und Kommunikationsbedürfnissen.

Ein interessantes Merkmal dieser Art von Netzkommunikation scheint mir, daß sich dort unter anderem auch eine eigenartige und in dieser Form relativ neue *öffentliche* Diskussion privater, persönlicher Dinge entwickelt hat. Die von der Frauenbewegung geforderten und produzierten neuen Formen von Öffentlichkeit könnten mit den elektronischen Netzen eine interessante Perspektive gewinnen, wenn sie politisch verstanden und gewendet werden können.

Vieles wird davon abhängen, wie sich die Verbindung von massenmedialen Angeboten im Netz einerseits und der Möglichkeit zur weltweiten Kommunikation ‚von unten' entwickelt. Das World Wide Web, das gegenwärtig zum Zentrum des Internet wird, unterstützt vor allem die Präsentation und Darstellung, ganz wie die klassischen Massenmedien. Das WWW wird von Individuen zunehmend so genutzt, daß sie sich durch das Erstellen einer eigenen Homepage an eine für prominent gehaltene Öffentlichkeit anschließen und hoffen, sich selbst dadurch mehr Gewicht zu verleihen. Man zeigt, daß man präsent ist, die gewichtigen Personen und Institutionen kennt, mit ihnen verbunden ist.

Rainer Rilling weist darauf hin - und er glaubt, diese Tendenz sehr viel häufiger bei Männern als bei Frauen nachweisen zu können –, daß Homepages oft eine Vielzahl von Links ausweisen, um genau diese Verbundenheit mit der Welt auszuweisen. Er schreibt dazu:

„Links strukturieren die Verteilung von Sichtbarkeit, Aufmerksamkeit und schließlich Anerkennung im Informationsraum. Das Web generiert den eigenartigen, systemspezifischen Zwang, Kenntnis vorhandener Präsenzen durch Links auszuweisen, somit das Bemühen, in einem Raum eigene Zentralität zu demonstrieren ... Seit 1996 existieren Verzeichnisse, die täglich weltweit Web-Sites nach der Anzahl der Zugriffe auflisten. Netzreputation - oder soziales Netzkapital - entsteht durch kompetente Verweise auf andere/s und Verweise anderer auf sich selbst. Reputation und Zentralität durch Hypertextverweise hängen auf durchaus vertraute wechselseitige Weise miteinander zusammen: Reputation schafft Zentralität, Zentralität generiert Reputation" (Rilling 1996).

In eine ähnliche Richtung werden Suchmaschinen ausgelegt. Sie funktionieren z.B. so, daß sie zunächst die populärsten Seiten aufsuchen, d.h. die Seiten, auf die die meisten Links zeigen.

Solche Tendenzen, die das Netz nach den herrschenden Maßstäben organisieren und es zu einem Mittel der Verstärkung bisheriger Dominanzen machen, verweisen die Netzeuphorie, mit der einige immer noch in den technischen Grundlagen selbst die Möglichkeiten einer Demokratisierung sehen, in ihre Grenzen. Die Datennetze determinieren nicht die Art des sozialen Gebrauchs und der sozialen Wirkungen. Vielmehr öffnen sie zu bestimmten Zeitpunkten Nutzungsmöglichkeiten, die aber auch vertan werden können und sich dann wieder schließen. Vielleicht ist es für eine neue Art der Nutzung - was das Internet betrifft - schon zu spät. Vielleicht aber läßt sich auch noch einiges gestalten und eine neuartige Öffentlichkeit herstellen, in der auch Frauen präsent sind.

## 3. Was heißt im Netz Identität?

Geschlechterforschung hat sich in den vergangenen Jahren besonders damit beschäftigt, wie Frauen einen Ausweg aus dem Dilemma finden können, es einerseits nicht den Männern gleichtun zu wollen, andererseits aber gleiche Rechte einzufordern, nach einem Ausweg aus dem Dilemma zwischen Differenz und Gleichheit. Emanzipation bedeutet das Durchbrechen von Festlegungen auf die *eine*, als ideal vorgestellte Identität der Frau, andererseits kann es aber auch nicht um das bloße Nachahmen männlicher Lebensmuster gehen. Die Vorstellung von der *einen* Identität der Frau wird gerade zum Problem. Das Wahrnehmen und Zulassen von Unterschieden zwischen Frauen ist wichtiges Prinzip. Judith Butler (Butler 1991) hat mit ihrer radikalen Kritik der Identitätskategorie breite Diskussionen ausgelöst. Die Kritik geht noch weiter und bezieht sich auch auf die Vorstellung von der *einen* Identität des Individuums. Vielleicht, so gibt es Stimmen aus der feministischen Psychologie, ist schon die Vorstellung von der einen, stabilen Identität nur eine Erfindung des Patriarchats. Vielleicht gehört es gerade zu den Erfahrungen und zur Selbstverwirklichung von Frauen, daß sie unterschiedliche Rollen spielen und ganz verschiedene Sichtweisen einnehmen (können).

Vor allem amerikanische Feministinnen progapieren heute in diesem Zusammenhang einen spielerischen Umgang mit den neuen Möglichkeiten der Computernetze. Donna Haraway (Haraway 1995) glaubt, daß die mit dem neuen Medium entstehende Kultur geeignet sein kann, alte Identitäten in Frage zu stellen, in neue Rollen zu schlüpfen, sie virtuell auszuprobieren. Dies, so Donna Haraway, sollte von den Frauen ge- und benutzt werden, um alte Übereinkünfte über die Geschlechterrollen in Frage zu stellen. Ihr Bild ist das des Cyborg[4] als eines „verdichteten Bildes unserer imaginären und materiellen Realität". Sie weist auf die *beiden* möglichen Entwicklungsrichtungen hin, die die Schaffung künstlicher Welten nehmen kann, und fordert dazu auf, dies gerade deshalb als eine *politische* Aufgabe zu begreifen:

„Aus einer Perspektive könnte das Cyborguniversum dem Planeten ein endgültiges Koordinatensystem der Kontrolle auf-

[4] In dem Begriff des ‚Cyborg' will Donna Haraway die heute vorhandene Verschränkung von Mensch und Maschine, von Maschinenanteilen in Menschen und Verkörperung von Menschlichem in der Maschine fassen.

zwingen, die endgültige Abstraktion, verkörpert in der Apokalypse des im Namen der Verteidigung geführten Kriegs der Sterne, die restlose Aneignung der Körper der Frauen in einer männlichen Orgie des Kriegs. Aus einer anderen Perspektive könnte die Cyborgwelt gelebte soziale und körperliche Wirklichkeit bedeuten, in der niemand mehr seine Verbundenheit und Nähe zu Tieren und Maschinen zu fürchten braucht und niemand mehr vor dauerhaft partiellen Identitäten und widersprüchlichen Positionen zurückschrecken muß. Der politische Kampf besteht darin, beide Blickwinkel zugleich einzunehmen, denn beide machen sowohl Herrschaftsverhältnisse als auch Möglichkeiten sichtbar" (ebenda, S. 40).

Sandy Stone (Stone 1995), Sherry Turkle (Turkle 1995) und andere konkretisieren die Möglichkeiten eines spielerischen Umgangs mit der Geschlechtsidentität, indem sie auf Internet und Cyberspace verweisen, wo ein Spielen mit der Geschlechterrolle, ein Wechsel der Identität, möglich ist. Die Starrheit und Wirksamkeit von Stereotypen, die die körperliche Präsenz dem Umgang miteinander auferlegt, kann so gesprengt werden. Der Cyberspace sei ein Ort, in dem Geschlecht, Hierarchie, Aussehen, Stimme nicht unmittelbar zum Tragen kommen. Manchmal benutzten Frauen Männernamen und Männer Frauennamen. Dies ermögliche ihnen, ihre und die Identität anderer besser zu verstehen, verschiedene Identitäten, die uns möglich wären und sind, konkreter auszuprobieren.

Das Bewegen in virtuellen Realitäten kann einen spielerischen Umgang mit Rollenvorstellungen unterstützen. Es kann das Spielen mit und das Erfahren wechselnder Identitäten befördern. Diese Vorstellungen sind Frauen nicht fremd und könnten von ihnen bewußt genutzt werden.

## 4. Zusammenfassung: die Krise patriarchaler Muster für eine Veränderung nutzen!

Die mit der Informationsgesellschaft einhergehenden Veränderungen bringen – und darauf wollte ich mit meinem Beitrag hinweisen –, eine Krise alter patriarchaler Muster mit sich. Solche Krisen und Widersprüche sehe ich vor allem in den folgenden Bereichen aufbrechen:

- Das eng mit Männlichkeit verknüpfte Technikverständnis ist durch die Informationstechnologie in die Krise geraten. Vielfältige und neuartige Qualifikationen sind sowohl in der Benutzung als auch in der Konstruktion gefordert.
- Die traditionellen Grenzziehungen zwischen dem Privaten und dem Öffentlichen, die das wesentliche Fundament für das Geschlechterverhältnis in den Industrienationen bilden, werden brüchig.
- Die Vorstellung von einer stabilen (Geschlechts-)Identität und einer stabilen Lebensrolle erweist sich als fragwürdig.[5]

Die Richtung, in der diese Krisen gelöst werden, ist weder durch die herrschenden technologischen noch sozialen Voraussetzungen determiniert. Vielmehr ist diese durch eine Politik, die die entstandenen Widersprüche in ihrer Radikalität begreift und im Sinne einer Veränderung des Geschlechterverhältnisses mit gestaltet, beeinflußbar.

Die gegenwärtigen politischen und kulturellen Kämpfe sind als ein Versuch zu sehen, neue Arrangements auf diesen Feldern zu treffen. Natürlich geht es dabei auch darum, daß einige unter den neuen Bedingungen die alte Herrschaft sichern, ihre Machtansprüche in die neuen gesellschaftlichen Formen hinüberretten wollen. Die gegenwärtige Situation ist aber gleichzeitig auch verbunden mit Unsicherheiten und Erschütterungen, die für die Beseitigung alter Herrschaftsverhältnisse genutzt werden können. Für das Letztere wollte ich mit meinem Beitrag plädieren!

---

5 Zentral ist dabei vor allem auch die Krise des Normalarbeitsverhältnisses, das die Rolle des männlichen Familienernährers begründet. Darauf bin ich in meinem Beitrag nicht eingegangen; das ist Thema des Aufsatzes von Gabriele Winker.

# Literatur

Butler, Judith: Das Unbehagen der Geschlechter. Frankfurt: Suhrkamp 1991

Bühl, Achim: CyberSociety. Köln 1996

Cockburn, Cynthia: Die Herrschaftsmaschine: Geschlechterverhältnis und technisches Know-how. Berlin, Hamburg: Argument 1988

Coy, Wolfgang; Nake, Frieder; Pflüger, Jörg-Martin; Rolf, Arno; Seetzen, Jürgen; Siefkes, Dirk; Stransfeld, Reinhard (Hrsg.): Sichtweisen der Informatik. Braunschweig: Vieweg 1992

Erb, Ulrike: Frauenperspektiven auf die Informatik. Infomatikerinnen im Spannungsfeld zwischen Distanz und Nähe zur Technik. Münster: Westfälisches Dampfboot 1996

Håpnes, Tove; Rasmussen, Bente: The Production of Male Power in Computer Science. In: Anna-Maija Lehto/Inger Eriksson (Eds.): Women, Work and Computerization. Procedings, Helsinki 1991, S.407-423

Haraway, Donna: Die Neuerfindung der Natur. Primaten, Cyborgs und Frauen. Frankfurt: Campus 1995

Rilling, Rainer: Auf dem Weg zur Cyberdemokatie? 1996. Vorabdruck: http: //staff-www.uni-marburg.de/~rillingr/bdweb/texte/cyberdemokratie.html

Schelhowe, Heidi: Das Medium aus der Maschine. Zur Metamorphose des Computers. Frankfurt: Campus 1997

Stone, Allucquère Rosanne: The War of Desire and Technology at the Close of the Mechanical Age. Cambridge, Mass., London, England: The MIT Press 1995

Turkle, Sherry: Die Wunschmaschine. Vom Entstehen der Computerkultur. Reinbek b. Hamburg: Rowohlt 1984

Turkle, Sherry: Life on the Screen: Identity in the Age of the Internet. New York: Simon & Schuster 1995

*Gabriele Winker*

# Flexible Arbeit in der Informationsgesellschaft – neue Chancen für weibliche Lebensentwürfe?

## 1. Neue Wachstumseuphorie und alte Geschlechterhierarchie

Heute sind sich politische Parteien und führende Wirtschaftsvertreter innerhalb der BRD, aber auch innerhalb Europas, Japans und der USA darin einig, daß die rasante Entwicklung der Informations- und Kommunikationstechnologien einen tiefgreifenden wirtschaftlichen und gesellschaftlichen Wandel vorantreiben wird. In den Empfehlungen einer Gruppe von Persönlichkeiten für den Europäischen Rat, dem sogenannten Bangemann-Bericht, wird von einer Revolution gesprochen, die der menschlichen Intelligenz riesige neue Kapazitäten eröffne und die Quelle zahlreicher Veränderungen in der Art unserer Zusammenarbeit und unseres Zusammenlebens sei[1]. In dieser Informationsgesellschaft soll jeder und jede gewinnen. Dabei stehen neue Arbeitsplätze und der Abbau der Massenarbeitslosigkeit durch einen riesigen Wachstumsmarkt ebenso im Zentrum der zu erreichenden Ziele wie eine erhöhte Lebensqualität durch den Zuwachs an Dienstleistungen und Unterhaltung.

Mit dem Bild der Informationsgesellschaft eng verbunden sind Versprechungen eines ‚besseren Lebens' in beiden Lebensbereichen, dem öffentlichen Bereich der Erwerbsarbeit und dem privaten Bereich zu Hause. Von einer Aufhebung der ge-

---

[1] Vgl. Europa und die globale Informationsgesellschaft. Empfehlungen für den Europäischen Rat, Brüssel, 26.5.1994.

schlechtshierarchischen Arbeitsteilung wird in diesem Zusammenhang explizit jedoch nicht gesprochen. Die vorausgesagten und angestrebten zahlreichen Veränderungen in den Arbeits- und Lebensbedingungen scheinen sich nicht auf die Art der Zusammenarbeit und des Zusammenlebens zwischen den Geschlechtern zu beziehen. Damit wird implizit weiterhin Frauen die Zuständigkeit für die Familien, für Kindererziehung und Reproduktionsaufgaben zugeordnet und jeder einzelnen die Vereinbarkeit von Familien- und Berufsarbeit als zu lösende Aufgabe überlassen.

Und auch Kritiker der Wachstumseuphorie, wie sie in Teilen der SPD, der GRÜNEN, der Gewerkschaften und auch in der Wissenschaft zu finden sind, ignorieren in ihrem Diskurs um die Informationsgesellschaft die Geschlechterfrage. Sie gehen davon aus, daß eine Reihe gesellschaftspolitischer Regelungen getroffen werden müssen, um die Informationsgesellschaft sozialverträglich zu gestalten. So fordern sie die Vermeidung von Ungleichheit in vielen Bereichen u.a. durch die Realisierung einer informationellen Grundversorgung, durch effektiven Daten-, Verbraucher- und Jugendschutz sowie durch effiziente Konzentrationskontrolle.

Doch auch diese Gestalter einer humaneren zukünftigen Gesellschaft sprechen allgemein von besserer Vereinbarkeit von Arbeits- und Lebenswelt in der Informationsgesellschaft, ohne zu sagen, wie das für die verschiedenartigen weiblichen wie männlichen Lebensstile gehen soll. Weder wird die patriarchale Diskriminierung von Frauen erwähnt noch die Überwindung der geschlechtshierarchischen Arbeitsteilung als Gestaltungsziel einbezogen. So ist die Diskussion um die Informationsgesellschaft geschlechtsblind.

## 2. Informationsgesellschaft und Normalarbeitsverhältnis

In diesem Abschnitt möchte ich die realen Grundlagen einer sich entwickelnden Informationsgesellschaft beleuchten, um dann im dritten Abschnitt nach den Konsequenzen für das Geschlechterverhältnis fragen zu können.

Die Entwicklung zur Informationsgesellschaft beruht technisch auf neuen weltweiten Vernetzungsmöglichkeiten, auf multimedialen Softwareprodukten mit Medienintegration und Interaktivität sowie auf der bereits vollzogenen Computerisierung vieler gesellschaftlicher Bereiche. Es kann von einer globalen Digitalisierung gesprochen werden in dem Sinne, daß alle Arbeits- und Lebensbereiche mit Informations- und Kommunikationstechnik durchdrungen werden.

Geprägt wird die Informationsgesellschaft auf der Grundlage dieser neuen Technologien von starken Produktivitätsfortschritten im Erwerbsarbeitsbereich und einer raum-zeitlichen Entkoppelung von Erwerbsarbeitsprozessen im globalen Sinne. So kommt es zur Flexibilisierung der Erwerbsarbeit in den Dimensionen der Arbeitsmenge, der Arbeitszeit und des Arbeitsortes. Dies werde ich im folgenden konkretisieren.

### *2.1 Flexibilisierung der Erwerbsarbeitsmenge*

Das Streben nach Produktivitätssteigerungen ist nicht neu, sondern der kapitalistischen Gesellschaft immanent, wird aber verstärkt durch die Intensivierung des Wettbewerbs in zunehmend globalen Märkten. Radikale Strukturveränderungen auf dem Arbeitsmarkt sind zu erwarten.

Die durch den Einsatz der Informations- und Kommunikationstechnologien freigesetzten Beschäftigungspotentiale werden erheblich sein. Denn bisher ist das Rationalisierungspotential der leistungsstarken Computer und Roboter noch nicht ansatzweise flächendeckend eingesetzt. Neben dem Produktionssektor wird es auch im Dienstleistungssektor zu Umstrukturierungen kommen. Neue Vernetzungsmöglichkeiten und multimedial gestaltete Software verstärken Tendenzen, die bisher professionell angebotenen Dienstleistungen dem Kunden über Selbstbedienung frei Haus zu liefern. So wird Telebanking zur Schließung von Filialen im Bankgewerbe führen und durch Telereisebuchungen werden immer mehr Arbeitsplätze in der Tourismusbranche gefährdet, um nur zwei Beipiele zu nennen.

Sicherlich wirkt die Offensive im Informations- und Kommunikationsbereich nicht nur arbeitssparend, sondern kann auch arbeitsschaffend sein. Beschäftigungszuwächse werden vorwiegend bei Unternehmen erwartet, die Medien- und Kommunikationsgüter herstellen, vertreiben und bereitstellen sowie Unternehmen, die Software, Dienstleistungen im Bereich der Datenverarbeitung und Telekommunikationsdienste anbieten.

Der Bericht der Bundesregierung sieht im günstigsten Fall bis zum Jahr 2010 im Informationsbereich ein Potential von ca. 1,5 Mio. zusätzlicher Arbeitsplätze für Deutschland[2]. Entschieden skeptischer schätzt inzwischen das Deutsche Institut für Wirtschaftsforschung für diesen Bereich den Beschäftigtenzuwachs. Obwohl die inländische Nachfrage nach Medien- und Kommunikationsgütern im Jahre 2010 etwa dreimal so hoch sein soll wie Anfang der 90er Jahre, wächst nach dieser Prognose die Zahl der Beschäftigten nur um 10 %, d.h. um rund 180 000 Beschäftigte auf 2,1 Mio.[3]

Auch wenn Beschäftigtenprognosen auf der Grundlage neuer technologischer Entwicklungen skeptisch zu betrachten sind[4], zeichnet sich deutlich ab, daß selbst bei optimistischen Schätzungen die entstehende Multimediabranche nicht mehr neue Arbeitsplätze schaffen kann, als durch die Produktivitätsfortschritte im Produktions- und Dienstleistungsbereich im Zusammenhang mit dem breiten Einsatz der neuen Technologien verloren gehen. Die Schere zwischen Produktivitäts- und Wachstums-

---

2 Vgl. Bundesministerium für Wirtschaft (Hrsg.): Info 2000. Deutschlands Weg in die Informationsgesellschaft. Bericht der Bundesregierung, Bonn 1996, S. 41.

3 Vgl. Deutsches Institut für Wirtschaftsforschung: Multimedia: Beschäftigungszunahme im Medien- und Kommunikationssektor vielfach überschätzt. In: DIW-Wochenbericht 10/96.

4 Da Technik immer gemeinsam mit anderen Einflüssen wie veränderten Organisationsstrukturen, neuen Kostenrelationen, verschobener Akzeptanz oder anderen Bedarflagen wirkt, lassen sich keine stimmigen und eindeutigen Beschäftigungsbilanzen aufstellen. (Vgl. Dostal, Werner: Die Informatisierung der Arbeitswelt – Multimedia, offene Arbeitsformen und Telearbeit. In: Mitteilungen aus der Arbeitsmarkt- und Berufsforschung, 4/95, S. 530f.)

raten öffnet sich weiter. So kommt es zur weiteren Abnahme des Erwerbsarbeitsvolumens. In Westdeutschland hat sich das Arbeitsvolumen, gemessen in effektiv geleisteten Arbeitsstunden pro Kopf der Wohnbevölkerung bereits von 1975 bis 1995 um reichlich ein Zehntel vermindert[5], und dieser Trend wird auch in Zukunft anhalten.

Diese Verminderung des Erwerbsarbeitsvolumens führt bei der derzeitigen Politik der Deregulierung zu Segregationsprozessen auf dem Arbeitsmarkt: Statt alle Erwerbspersonen gleich lang zu beschäftigen, bilden sich in den Unternehmen sogenannte „Olympiamannschaften" als Stammbelegschaften, die unabkömmlich sind und mit abgesichertem Erwerbseinkommen bis zu 60 Stunden die Woche arbeiten. Neben diesem Bereich der Überbeschäftigung vergrößert sich auf der anderen Seite der Bereich der Unterbeschäftigung kontinuierlich. Neben der Massenarbeitslosigkeit fällt darunter minderbezahlte, unbeständige und ungesicherte Erwerbsarbeit in Form von Teilzeitarbeit, zeitlich befristeten Arbeitsverhältnissen oder geringfügiger Beschäftigung. Mit diesen Segregationsprozessen wird das Erwerbsarbeitsvolumen aus Sicht der Unternehmen flexibel auf die einzelnen Beschäftigten verteilt. Ich bezeichne diese Entwicklung als Flexibilisierung der Erwerbsarbeitsmenge.

Während der Anteil der Beschäftigten, die regelmäßig Überstunden leisten, ständig zunimmt - allein von 1993 bis 1995 ist er in Westdeutschland um 6 % auf 45 % gestiegen[6] -, waren 1996 in Deutschland knapp 4 Millionen Menschen arbeitslos

---

5 Vgl. Kommission für Zukunftsfragen der Freistaaten Bayern und Sachsen: Erwerbstätigkeit und Arbeitslosigkeit in Deutschland. Entwicklung, Ursachen und Maßnahmen. Teil 1: Entwicklung von Erwerbstätigkeit und Arbeitslosigkeit in Deutschland und anderen frühindustrialisierten Ländern, Bonn 1996, S. 1.

6 Vgl. Schilling, Gabi; Bauer, Frank; Groß, Hermann: Arbeitszeiten, Arbeitszeitwünsche und Zeitverwendung in Deutschland. In: WSI-Mitteilungen 7/1996, S. 433.

gemeldet und weitere 3,3 Millionen gehörten zur ‚Stillen Reserve‘[7]).

Die Teilzeitquote[8] stieg in Westdeutschland von ca. 11 % im Jahre 1980 auf knapp 18 % im Jahre 1994[9] kontinuierlich an, da immer mehr Unternehmen in der Teilzeitarbeit eine Möglichkeit sehen, Betriebsabläufe zu optimieren durch höhere Leistung pro Arbeitsstunde, höhere Flexibilität des Personaleinsatzes und Minderung der Krankheits- und sonstigen Fehlzeiten.[10] Die Zahl der geringfügig - das heißt ohne Sozialversicherungspflicht - Beschäftigten kletterte in Gesamtdeutschland zwischen 1991 und 1995 von ca. 3 Mio. auf 3,8 Mio. Menschen, das sind über 10 % aller Beschäftigten.[11]

Insgesamt befand sich 1995 bereits ein gutes Drittel aller abhängig Beschäftigten in Deutschland in Nicht-Normalarbeitsverhältnissen, zu denen Teilzeit-, ausschließlich geringfügig, befristet und ABM-Beschäftigte, Leiharbeiternehmer, Kurz- und Heimarbeiter sowie sogenannte Scheinselbständige[12] gezählt werden. Nur noch knapp zwei Drittel befanden sich in Normarbeitsverhältnissen, also in unbefristeten sowie arbeits- und sozialrechtlich abgesicherten Vollzeitbeschäftigungen.[13] Bei Fortschreibung der dargestellten Entwicklung wird das Verhältnis

---

7 Vgl. Bundesanstalt für Arbeit: Arbeitsmarkt 1996: Arbeitsmarktanalyse für die alten und neuen Bundesländer. In: Amtiliche Nachrichten der Bundesanstalt für Arbeit, 45. Jg., Sondernummer, 13. Juni 1997, S. 27 und 29.

8 Der Anteil der teilzeitbeschäftigten Arbeitnehmer und Arbeitsnehmerinnen an allen abhängig Beschäftigten.

9 Vgl. Kohler, Hans; Spitznagel, Eugen: Teilzeitarbeit in der Gesamtwirtschaft und aus der Sicht von Arbeitnehmern und Betrieben in der Bundesrepublik Deutschland. In: Mitteilungen aus der Arbeitsmarkt- und Berufsforschung, 3/95, S. 340 und S. 354.

10 Vgl. Ebd., S. 345ff., und McKinsey: Teilen und Gewinnen – Das Potential der flexiblen Arbeitszeitverkürzung, München 1994.

11 Deutsches Institut für Wirtschaftsforschung: Erwerbstätigkeit von Frauen in Ost- und Westdeutschland weiterhin von steigender Bedeutung. In: DIW-Wochenbericht, 28/96, S. 464 und eigene Berechnungen.

12 Als Scheinselbständige oder abhängig Selbständige werden Erwerbstätige bezeichnet, die sich formal im Status der Selbständigkeit befinden, bei denen es sich aber tatsächlich um abhängig beschäftigte Arbeitnehmer handelt, da sie ständig für denselben Auftraggeber tätig sind.

13 Vgl. Kommission für Zukunftsfragen der Freistaaten Bayern und Sachsen, a.a.O., S. 60.

von Norm- zu Nicht-Normarbeitsverhältnissen in fünfzehn Jahren bei eins zu eins liegen. Nur die Hälfte der abhängig Beschäftigten hätte dann noch dauerhafte, arbeits- und sozialrechtlich abgesicherte Vollzeitarbeitsplätze.[14]

## *2.2 Flexibilisierung der Erwerbsarbeitszeit*

Durch die verschärfte internationale Konkurrenz nimmt der Druck auf die Verlängerung der Betriebsnutzungszeiten weiter zu. Allerdings wird die Ausdehnung der Betriebszeiten heute nicht mehr primär durch eine entsprechende Verlängerung der Arbeitszeiten erreicht, sondern im Zusammenhang mit den neuen Technologien und neuen Produktionskonzepten durch eine zunehmende Variabilisierung der Arbeitszeiten.

Durch Arbeitszeitflexibilisierungen werden die Betriebsnutzungszeiten auf das Wochenende und in die Nacht hinein ausgedehnt. Dies ist vor allem für kapital- und energieintensive Betriebe betriebswirtschaftlich interessant. Darüber hinaus läßt sich durch den Wechsel von gleichförmigen zu variablen Arbeitszeiten der Arbeitseinsatz besser an Schwankungen auf den Beschaffungs- und Absatzmärkten anpassen. Durch die Variabilität der Arbeitszeit in ihrer täglichen Dauer und Lage in einer Siebentagewoche sowie Verteilung über einen größeren Ausgleichszeitraum wird das Erwerbsarbeitsverhältnis möglichst flexibel an die betrieblichen Anforderungen angepaßt. Die Beschäftigten geraten damit in eine stärkere zeitliche Abhängigkeit von nicht absehbaren und schon gar nicht beeinflußbaren Marktrhythmen.

Nach einer ISO-Studie[15] ist das Ausmaß der Arbeitszeitflexibilisierung auch zwischen 1993 und 1995 noch einmal angestiegen. In dieser Untersuchung wird als Bezugsgröße der Normalarbeitszeitstandard definiert. Darunter wird eine der Vollzeitbeschäftigung entsprechende Arbeitszeit zwischen 35 und 40 Stunden verstanden, die sich auf 5 Wochentage verteilt, in

---

[14] Vgl. Ebd., S. 62.
[15] Vgl. Schilling; Gesterkamp, a.a.O., S. 433.

der Regel von montags bis freitags tagsüber ausgeübt wird und in ihrer Lage nicht variiert. Arbeiteten 1993 in Westdeutschland 23 % der Beschäftigten unter den Bedingungen des so definierten Normalarbeitszeitstandards, so sind es 1995 nur noch 17 % der Beschäftigten.

### *2.3 Flexibilisierung des Erwerbsarbeitsorts*

Doch nicht nur in zeitlicher, sondern auch in räumlicher Hinsicht wird die Erwerbsarbeit flexibel. Die breite Verfügbarkeit neuer Netztechnologien in Kombination mit multimedial gestalteter Software ermöglicht die Dekonzentration von Erwerbsarbeit.

Viele Firmen aus den Industrienationen lagern schon heute die Erfassung großer Datenbestände aus und siedeln ganze Verwaltungsabteilungen in Billiglohnländern an. Auch Produktionsstätten lassen sich standortoptimal auswählen und dann von der BRD aus leiten und überwachen. Mit einer weiter verbesserten Kommunikationstechnologie und fallenden Netzkosten werden immer mehr Tätigkeiten dorthin verlagert, wo es im internationalen Maßstab betriebswirtschaftlich am effizientesten ist. Diese weltweite Umverteilung von Erwerbsarbeit wird sich fortsetzen.

Dies bedeutet, daß das Sinken des Erwerbsarbeitsvolumens in der BRD nicht allein durch technologisch bedingte Produktivitätssteigerungen, sondern auch durch die räumliche Entkoppelung von Erwerbsarbeit verstärkt wird, da auch neu entstehende Arbeitsplätze überall hin verlagert werden können. Dies unterstreicht, daß wir es mit strukturellen Problemen zu tun haben, die sich in Zukunft noch weiter zuspitzen werden.

Erwerbsarbeit wird auf der Grundlage der neuen Technologien auch innerhalb der BRD immer beweglicher. Sie muß nicht mehr in räumlich abgegrenzten Betriebsstrukturen erfolgen. Sie kann überall dort stattfinden, wo ein Netzanschluß vorhanden ist: zu Hause, beim Kunden, im Hotelzimmer, im Auto, im Nachbarschaftsbüro.

Organisatorisch steht für Telearbeit prinzipiell ein ganzes Spektrum von Alternativen zur Verfügung: von der reinen Arbeitsverlagerung ohne jegliche Organisationsänderung über Zulieferbeziehungen bis zum Wechsel in den Status von Selbständigen, die ihre Dienste ergebnisorientiert an mehrere Auftraggeber vermarkten. So werden viele zukünftige Telearbeiter und Telearbeiterinnen nicht mehr als Angestellte eines bestimmten Unternehmens tätig sein, sondern auf eigenes Risiko als Selbständige.

Zunehmen werden die sogenannten virtuellen Unternehmen, die weder räumlich noch organisatorisch in bisher gewohnter Art integriert sind, sondern nur noch elektronisch. Ein im Netz operierendes Unternehmen benötigt nur noch wenige Angestellte und kann fertige Aufträge an Subunternehmen weitergeben. Wir haben es dann mit einer Auflösung der herkömmlichen Betriebsstrukturen zu tun.

### *2.4 Erosion des Normalarbeitsverhältnisses*

Mit den drei genannten Flexibilisierungstendenzen der Erwerbsarbeit in den Dimensionen der Menge, Zeit und des Orts setzt sich die Erosion des Normalarbeitsverhältnisses beschleunigt fort. Die kontinuierliche Vollzeiterwerbstätigkeit in Büro oder Fabrik im Rahmen klar geregelter Arbeitszeiten wird somit für viele Beschäftigte bald der Vergangenheit angehören.

Diese Erosion des Normalarbeitsverhältnisses bedeutet für Arbeitssuchende, aber auch für viele Beschäftigte eine existentielle Verunsicherung und löst Ängste aus, da tradierte soziale Sicherheiten verloren gehen. Als Abwehrreaktion halten vor allem die in der Regel männlichen Familienernährer verstärkt am traditionellen Leitbild, am Wunsch nach einer kontinuierlich ausgeübten und bezahlten Vollzeit-Erwerbstätigkeit fest.[16] Allerdings kann dieser Verunsicherung weder durch individuelle, noch gesamtgesellschaftliche Verdrängungsleistungen, noch

[16] Vgl. Schnack, Dieter; Gesterkamp, Thomas: Hauptsache Arbeit. Männer zwischen Beruf und Familie, Reinbek 1996, S. 41ff.

durch Autosuggestion als politischer Methode sinnvoll begegnet werden. Denn die Chance, daß alle Arbeitssuchenden tatsächlich eine vollzeitige, lebenslange und sichere Erwerbsmöglichkeit erhalten, wird ohne grundsätzliches politisches Eingreifen immer geringer.

## 3. Chancen für weibliche Lebensentwürfe in der Informationsgesellschaft

In diesem Abschnitt gehe ich der Frage nach, mit welchen Gestaltungszielen die Erosion des Normalarbeitsverhältnisses für einen Abbau der geschlechtshierarchischen Arbeitsteilung genutzt werden kann. Dazu muß zunächst der Stellenwert der Normalerwerbsarbeit für das Geschlechterverhältnis bestimmt werden.

### *3.1 Normalarbeitsverhältnis und Geschlechterhierarchie*

Mit der Konstruktion des Normalarbeitsverhältnisses kommt es zu dem gesellschaftlichen Problem, daß sich zumindest für Menschen mit Kindern die beiden Lebensbereiche der Erwerbsarbeit und der Reproduktionsaufgaben kaum vereinbaren lassen. Denn das Normalarbeitsverhältnis setzt voraus, daß hinter jedem, der sich an ihm als Vollzeitbeschäftigtem beteiligt, eine zweite Person steht, die den Rücken freihält für die Organisation des Alltagslebens, die Versorgung und Pflege der Kinder und älterer Angehöriger.

Auf dieser Unvereinbarkeit beider Lebensbereiche beruht die klare Trennung und geschlechtsspezifische Zuweisung von bezahltem Produktions- und unbezahltem Reproduktionsbereich. Die Verantwortung der Frauen für die häusliche Arbeit verhindert eine gleichberechtigte Teilnahme am Arbeitsmarkt. So kommt es zu Abhängigkeitsverhältnissen und Machtgefällen zwischen den Geschlechtern; es herrscht eine geschlechtshierarchische Arbeitsteilung.

Daß diese geschlechtshierarchische Arbeitsteilung nach wie vor Realität ist, läßt sich u.a. an folgenden Daten zeigen: So sind in den Industrieländern ein Drittel aller von Frauen ausgeführten Tätigkeiten bezahlt und zwei Drittel ihrer Tätigkeiten wie Einkaufen, Essenzubereitung und Kinderbetreuung unbezahlt. Bei den Männern ist die Situation gerade spiegelverkehrt: zwei Drittel ihrer Tätigkeiten sind bezahlt, das restliche eine Drittel ist unbezahlt.[17]

Dies ist das Ergebnis einer Arbeitspolitik, für die über Jahrzehnte der männliche Alleinverdiener - verheiratet, zwei Kinder - als Bezugsperson fungierte. Und auch wenn das Normalarbeitsverhältnis der kontinuierlichen Vollzeitarbeit der Familienernährer im Zusammenhang mit diskontinuierlicher und Teilzeitbeschäftigung der Mütter nie für alle Schichten gültig war und ist, liegt das Modell der Versorgerehe bis heute der bundesdeutschen Sozialpolitik einschließlich des Steuer- und Rentensystems zugrunde und untermauert damit die klare Trennung zwischen bezahltem Produktions- und unbezahltem Reproduktionsbereich.

Gleichzeitig löst sich das klassische geschlechtsspezifische Rollenmodell immer mehr auf.[18] Denn Frauen wollen heute mehrheitlich unterschiedliche Lebensbereiche miteinander vereinbaren bei gleichzeitig eigenständiger sozialer Absicherung. Für sie ist Erwerbsarbeit ein zentraler Fixpunkt in ihren Biographien und Lebensläufen. Das zeigt deutlich die im Westen langsam, aber stetig zunehmende Erwerbsbereitschaft der Frauen und die im Osten anhaltend hohe Erwerbsbereitschaft der Frauen trotz hoher Frauen-Langzeitarbeitslosigkeit in den neuen Ländern.[19] Auf der anderen Seite wollen Frauen auf das

---

17 Vgl. Deutsche Gesellschaft für die Vereinten Nationen (Hrsg.): Bericht über die Menschliche Entwicklung 1995, Bonn 1995, S. 98.

18 Zu diesem Ergebnis kommt erst kürzlich auch das Deutsche Institut für Wirtschaftsforschung: Erwerbstätigkeit von Frauen, a.a.O., S. 469.

19 So ist im Westen die Frauenerwerbsquote von 46,2 % im Jahre 1970 auf 59,9 % im Jahre 1995 geklettert (die Erwerbsquote der Männer liegt zum Vergleich 1995 bei 81,3 %). Im Osten liegt die Frauenerwerbsquote nach wie vor relativ hoch bei 73,9 %, die der Männer bei 79,7 %. Die Arbeitslosenquote der Frauen ist in den neuen Bundesländern 1996 mit 19,9 % im-

Tätigsein in der Familie, im sozialen, kulturellen und politischen Bereich nicht verzichten.

Diese verschiedenen Ziele zu erreichen, ist jedoch gerade für Frauen mit Kindern unter dem Primat des Normalarbeitsverhältnisses nach wie vor schwierig. So variieren sie je nach Lebensabschnitt die Dauer, die Lage und die Verteilung der Erwerbsarbeit. Aus diesen Suchprozessen ergibt sich die Pluralität weiblicher Lebensstile, die in den letzten Jahrzehnten deutlich zugenommen hat. Es entstehen komplexe weibliche Lebensverläufe im Gegensatz zu einer im Vergleich dazu eindimensional verlaufenden männlichen Normalbiographie, die in erster Linie an der beruflichen Entwicklung orientiert ist. Die weiblichen sogenannten Patchwork-Biographien beinhalten in all den Schwierigkeiten ihrer heutigen Realisierung gegen die Normalerwerbsbiographie auch Momente eines humaneren Lebens, indem sie der Desintegration der Lebensbereiche entgegenwirken.

Nun gerät mit der sich entwickelnden Informationsgesellschaft das gesamte Projekt des Normalarbeitsverhältnisses, das Frauen immer wieder neu behindert, zur Zeit ins Wanken. Die kontinuierliche Vollzeiterwerbstätigkeit in Büro oder Fabrik im Rahmen klar geregelter Arbeitszeiten, an der sich die in der Regel männlichen Familienernährer orientieren, entspricht für immer breitere Schichten nicht mehr der Realität, und diese Entwicklung wird weiter zunehmen. Damit wird auch die eingefahrene geschlechtshierarchische Arbeitsteilung brüchig.

Im folgenden werde ich die im zweiten Abschnitt dargestellten Flexibilisierungstendenzen aus der Sicht weiblicher Lebensentwürfe bewerten und Gestaltungsvorschläge vorstellen, die zum Abbau der geschlechtshierarchischen Arbeitsteilung beitragen können.

---

mer noch beträchtlich höher als die der Männer (13,7 %). Vgl. Bundesanstalt für Arbeit, Arbeitsmarkt 1996, a.a.O., S. 97 und S. 177ff.

### *3.2 Generelle Begrenzung der Erwerbsarbeitzeit statt weitere Segregation auf dem Arbeitsmarkt*

Bisher wird auf das knapper werdende Erwerbsarbeitsvolumen mit Segregationsprozessen reagiert, die zur Zunahme der geschlechtsspezifischen Ungleichheit führen. Denn Teilzeitarbeit wird, vor allem im Westen, zu 91 % von Frauen ausgeübt.[20] Und auch die geringfügigen, nicht-sozialversicherungspflichtigen Tätigkeiten werden überproportional von Frauen ausgeführt.[21]

Ausgehend von den Lebensentwürfen und Wünschen von Frauen läßt sich der ungleichen Verteilung von Erwerbsarbeit und der Zuordnung von Teilzeitarbeit zu Frauen eine drastische Verkürzung der Normalerwerbsarbeitszeit für alle Erwerbspersonen entgegensetzen. Anzustreben ist eine allgemeine radikale Arbeitszeitverkürzung auf zunächst 30-, mittelfristig 25-Wochenstunden, wie es u.a. Ingrid Kurz-Scherf seit längerem vorschlägt.[22] Während nämlich die tarifliche Arbeitszeit ziemlich exakt den Arbeitszeitwünschen von Männern entspricht, die bei durchschnittlich 38 Stunden pro Woche liegen, liegt die von Frauen gewünschte Arbeitszeit bei im Durchschnitt 29 Stunden pro Woche.[23]

Erst der Normalerwerbsarbeitstag von sechs oder besser fünf Stunden als Richtschnur schafft neue Spielräume der partnerschaftlichen Aufteilung von Familienpflichten. Gleichzeitig brauchen Frauen mit ihren erheblich verbesserten schulischen und beruflichen Qualifikationen bei einer radikal verkürzten Normalerwerbsarbeitszeit nicht mehr auf eine gleichberechtigte Teil-

---

20 Vgl. Bundesanstalt für Arbeit, Arbeitsmarkt 1996, a.a.O., S. 103.

21 Vgl. Deutsches Institut für Wirtschaftsforschung, Erwerbstätigkeit von Frauen, a.a.O.

22 Vgl. u.a. Kurz-Scherf, Ingrid: Das Patriarchat als Organisationsform der Arbeit. In: Fricke, Werner (Hrsg.): Jahrbuch Arbeit und Technik 1990, Bonn 1990, S. 3 ff.

23 Vgl. Kurz-Scherf, Ingrid: Krise der Arbeitsgesellschaft: Patriarchale Blokkaden. Feministische Anmerkungen zu einem von Männern beherrschten Diskurs. In: Blätter für deutsche und internationale Politik, 8/1995, S. 982.

habe am Erwerbsleben verzichten. Sie können – und müssen dann auch – eine eigenständige Existenzsicherung anstreben.

Mit der Strategie einer radikalen Begrenzung der Erwerbsarbeitszeit und damit einer solidarischen Umverteilung von Erwerbsarbeit ist eine Einkommensumverteilung verbunden, da wirksame Arbeitszeitverkürzungen mit vollem Lohnausgleich nicht durchgesetzt werden können. Abstriche bei den Einkünften der bisher Vollzeitbeschäftigten gehen mit einer relativen Besserstellung von bisher Teilzeitbeschäftigten, vor allem Frauen einher. Wenn damit in Zukunft alle Erwerbspersonen ein existenzsicherndes Einkommen beziehen, kann eine Kürzung des bisher als Familieneinkommen legitimierten Gehalts von Vollzeitbeschäftigten auch akzeptiert werden.

Bei der Realisierung einer solchen Arbeitszeitbegrenzung muß allerdings eine soziale Komponente einbezogen werden, da in den unteren Lohn- und Gehaltsstufen eine Lohnkürzung wegen Unterschreitung des Mindesteinkommens nicht realisierbar ist. Es ist deshalb wichtig, die krassen Lohn- und Gehaltsspannen zu verkleinern, was mit weiterem Einkommensverzicht in den oberen Gehaltsstufen einhergeht und ebenfalls zum Abbau der geschlechtshierarchischen Arbeitsteilung beiträgt.

Zur sozialen Abfederung einer generellen Arbeitszeitverkürzung sind darüber hinaus eine Reihe flankierender Maßnahmen im Tarif-, Arbeits-, Steuer- und Rentenrecht notwendig, mit denen der Bezug auf die ununterbrochene Vollerwerbsbiographie aufgebrochen wird. Es gilt, die soziale Sicherung von der Erwerbsarbeit zu entkoppeln. Eine erster wichtiger Schritt könnte sein, die Rentenansprüche auf die reduzierte Normalerwerbsarbeitsdauer zu beziehen.

Auch müßte in einem solchen Modell der generellen Arbeitszeitverkürzung die betriebswirtschaftlich notwendige Mehrarbeit über ein hartes Steuersystem, das Unternehmen und Beschäftigte trifft, auf Ausnahmefälle begrenzt und im Rahmen eines veränderten Leitbildes gesellschaftlich diskriminiert werden.

### *3.3 Individuelle Zeitsouveränität statt Arbeitszeitflexibilisierung nach betrieblichen Anforderungen*

Statt über Arbeitszeitverkürzung wird zur Zeit viel über Arbeitszeitflexiblisierung gesprochen, die zu verschärften Abstimmungsproblemen zwischen Produktions- und Reproduktionssphäre führt und Frauen noch mehr zum Puffer zwischen den beiden Lebensbereichen werden läßt.

Wieder ausgehend von weiblichen Lebensmodellen ist neben und in Ergänzung der generellen Begrenzung der individuellen Erwerbsarbeit die Autonomie in der Arbeitszeitgestaltung wichtig. Unter Arbeitszeitautonomie oder individueller Zeitsouveränität wird die Einflußmöglichkeiten eines oder einer Beschäftigten auf die Dauer, Lage und Verteilung der persönlichen Arbeitszeit verstanden. In einer Gesellschaft, in der sich unterschiedliche Lebensstile herausbilden, ist diese Autonomie oder selbstbestimmte Flexibilität entscheidend für Handlungsmöglichkeiten bei der Realisierung der eigenen individuellen Lebensentwürfe.

Dreh- und Angelpunkt einer individuellen Zeitsouveränität ist allerdings deren Verbindung mit der generellen Begrenzung der durchschnittlichen Erwerbsarbeitszeit. Auch wenn dadurch die Zeitautonomie in der Erwerbsarbeitsdauer nach oben rigide begrenzt wird, führt nur in dieser Kombination individuelle Arbeitszeitflexibilisierung zu mehr individueller Freiheit und nicht mehr wie z.B. heutzutage bei der Teilzeitarbeit zu Segregationsprozessen auf dem Arbeitsmarkt.

Vor dem Hintergrund einer Höchstarbeitszeit von 25 Stunden pro Woche gehören individuell gestaltbare flexible Beschäftigungsformen auch nicht mehr nur ins Reich der Notwendigkeit zur Vereinbarkeit von Berufs- und Familienarbeit, sondern auch ins Reich der neuen Optionen, mit denen im eigenen Leben bewußt Schwerpunkte gesetzt werden können.

Durch individuelle Zeitsouveränität lassen sich z.B. in Abhängigkeit von der familiären Situation bewußt gemeinsame bzw. bewußt versetzte Arbeitszeiten der LebenspartnerInnen planen. Je nach Lebensphase ist auch eine vorübergehende Reduzierung oder Unterbrechung der Erwerbsarbeit realisierbar, die im größeren Maßstab vor- oder nachgearbeitet wird.

Das Sabbatjahr-Modell z.B. ist im neuen Rahmen nicht mehr eine besondere Form der Teilzeit, sondern eine von vielen zeitlichen Optionalitäten, mit der die begrenzte Arbeitsmenge zeitlich souverän umgesetzt wird. Beschäftigte können über sechs Jahre mehr als die festgesetzte Wochenobergrenze arbeiten, um im siebten Jahr bei fortlaufendem Einkommen auszusetzen und sich einen Lebenstraum zu erfüllen.

Auch wenn die Individualisierung von Arbeitszeitgestaltung über hohe Attraktivität verfügt, so können sich ohne flankierende Maßnahmen die Arbeitszeitinteressen von Stärkeren gegenüber Schwächeren - von Unternehmensleitung gegenüber Beschäftigten, aber auch zwischen den Beschäftigten - durchsetzen. Deswegen bedarf es kollektivrechtlicher Regelungen, die die Zeitsouveränität der Beschäftigten stärken, ohne betriebswirtschaftliche Notwendigkeiten zu ignorieren.

### *3.4 Alternierende Telearbeit mit arbeitsrechtlicher Absicherung statt neue Selbständige im Teleheimbüro*

Mit der zunehmenden räumlichen Entkoppelung von Arbeitsprozessen besteht gerade für Frauen die Gefahr, daß ihnen niedrig bezahlte Tätigkeiten mit geringer Autonomie wie Texterfassung und Dateneingabe übertragen werden. Oder Frauen werden bei den neuen Selbständigen im Teleheimbüro zu mithelfenden Familienangehörigen ohne oder mit nur geringem eigenen Erwerbseinkommen, wie es heute aus der Landwirtschaft, aus vielen selbständigen Kleinbetrieben, sowie aus Rechtsanwaltskanzleien und Arztpraxen bekannt ist.

Statt Teleheimarbeit in der Scheinselbständigkeit läßt sich ausgehend von weiblichen Lebensstilen festhalten, daß gerade für die Integration verschiedenster Lebensinteressen die alternierende Telearbeit von Bedeutung sein kann. Dabei werden Tätigkeiten gerade nicht wie bei der Teleheimarbeit ständig dezentral zu Hause, sondern zeitweise zentral im Unternehmen und zeitweise am dezentralen Arbeitsplatz, z.B. in der eigenen Wohnung erledigt. Diese Form der Telearbeit verbindet die Vorteile des zentralisierten sozialen Zusammenarbeitens im Team mit den Vorteilen der örtlichen Flexibilität für bestimmte Situationen und Tage. So ermöglicht alternierende Telearbeit z.B. das Abarbeiten einzelner zeitlich drängender Tätigkeiten zu Hause im Krankheitsfall von Angehörigen. Da gerade Frauen ausreichend Erfahrungen mit spontanen Umdisponierungen im Familienbereich wegen kranker Kinder oder Angehöriger haben, wissen sie den Vorteil zu schätzen, bei Bedarf zeitflexibel zu Hause arbeiten zu können. Gleichzeitig bewerten sie auch den kommunikativen Gewinn des Arbeitens im Team sehr hoch und sehen darin oft auch einen der Hauptgründe für die Erwerbstätigkeit.

Alternierende Telearbeit eignet sich für qualifizierte Tätigkeiten wie Management, Programmierung, Forschung und Entwicklung, qualifizierte Sachbearbeitung. In diesen Berufsfeldern ermöglicht einerseits ein hoher Grad an zeitlicher und inhaltlicher Autonomie das Arbeiten zu Hause oder in Nachbarschaftsbüros, andererseits erfordern die hohen Kommunikationsanteile, wie sie bei Teamarbeiten anfallen, den zeitweisen persönlichen Face-to-Face-Kontakt im Unternehmen.

Wichtig ist, daß bei der alternierenden Form der Telearbeit die kollektivrechtlichen Regelungen und damit der institutionell-rechtliche Rahmen des Angestelltenverhältnisses gültig bleiben.

## 4. Verbesserung der Lebensqualität für Frauen und Männer

Ausgehend von den weiblichen Arbeits- und Lebensbedingungen mit ihrer zunehmenden Pluralisierung konnten folgende Handlungsmöglichkeiten aufgezeigt werden:

- Generelle Begrenzung der Erwerbsarbeitszeit auf 30-, mittelfristig 25-Wochenstunden,
- möglichst weitgehende individuelle Zeitsouveränität,

- räumliche Flexibilität durch alternierende Telearbeit als Angebot.

Mit einer generellen Arbeitszeitverkürzung, einer individuellen Zeitsouveränität und alternierender Telearbeit ist für Frauen und Männer eine deutlich bessere Verbindung von Berufs- und Familienarbeit möglich, als dies heute der Fall ist oder mit den Krücken der Teilzeit- und Teleheimarbeit erreicht werden soll.

Bei dem hier vorgeschlagenen Vorgehen heißt das Ziel nicht mehr, Frauenarbeit an das männlich orientierte Normalarbeitsverhältnis anzugleichen. Stattdessen werden die Chancen, die in einer besseren Verbindung aller Lebensbereiche stecken und die bisher von Frauen im Widerspruch zur derzeitigen gesellschaftlichen Ordnung in Ansätzen realisiert werden, als Ausgangspunkt für die Modernisierung der Arbeitsverhältnisse in der Informationsgesellschaft begriffen. So lassen sich aus diesen mehrdimensionalen Lebensperspektiven von Frauen Visionen und Handlungsmöglichkeiten für ein integriertes und individualisierbares Leben für alle ableiten.

Dies könnte auch für Männer interessant sein. Männlichkeit wird dann nicht weiter mit Unentbehrlichkeit in der Erwerbsarbeit gleichgesetzt, sondern enthält neben der Identität über die Erwerbsarbeit neue Aspekte aus dem Tätigsein im Reproduktionsbereich und im sozialen und politischen Umfeld.

Für die Realisierung dieser Vorschläge bedarf es jedoch eines breiten gesellschaftlichen Diskurses und einer feministischen Gestaltungsoffensive. Das von mir skizzierte Modell wird nicht von heute auf morgen erreichbar sein, da die gesellschaftliche Redefinition des Stellenwerts der Erwerbsarbeit ein kultureller Prozeß ist, der eines veränderten Leitbildes bedarf und damit Zeit benötigt. Doch es kann ein visionärer Mosaikstein sein, der zur notwendigen, breit zu führenden Diskussion um die Zukunft der Arbeit einlädt.

Gefragt ist heute Phantasie, um auf dem Hintergrund neuer Flexibilisierungsanforderungen eine Informationsgesellschaft zu gestalten, in der morgen tatsächlich der Wunsch nach einem ‚besseren‘ Leben für beide Geschlechter Realität wird. Individualisierte Biographien für Frauen und Männer, in denen auf dem Hintergrund einer für alle Menschen reduzierten und abgesicherten Erwerbsarbeitsmenge zeitliche und räumliche Optionalitäten realisiert werden, werden dann in der Zukunft zum festen Bestandteil einer hohen Lebensqualität gehören.

*Corinna Bath*

# Glossar

*Browser:* (engl. to browse = durchstöbern, blättern) Basissoftware, die den Zugang zum *Internet,* insbesondere zum *WWW* ermöglicht. Weit verbreitete Browser sind der Netscape Navigator und der Microsoft Internet Explorer.

*Client:* (engl. Kunde) Programm (oder Rechner), das von einem anderen Programm (oder Rechner), dem *Server*, Ressourcen wie z.B. Dateien oder Rechenzeit anfordert (vgl. den Beitrag von Barbara Schelkle, S. 28f)

*Domain:* Namensbereich im Internet. Der Domainname ist Bestandteil jeder *E-mail-* bzw. *WWW*-Adresse (vgl. den Beitrag von Barbara Schelkle, S. 26f)

*E-mail:* Elektronische Post, die via *Mailboxnetz* oder *Internet* an die EmpfängerIn übermittelt wird. Neben Texten können auch Bilder oder Dateien angefügt verschickt werden.

*ftp:* (File Transfer Protocol) bezeichnet sowohl das Protokoll als auch den Internet-Dienst zur Übertragung von Dateien (z.B. Software) von anderen Rechnern auf den eigenen und umgekehrt.

*Homepage:* Hauptseite eines *WWW*-Angebots

*HTML:* (Hypertext Markup Language) Seitenbeschreibungssprache für *WWW*-Seiten

*HTTP:* (Hypertext Transfer Protocol) Protokoll zur Übertragung von *WWW*-Seiten

*Hypertext:* Textdokument, das automatische Verknüpfungen *(Links)* zu anderen Texten enthält und sich damit - wie ein Lexikon - nicht ausschließlich durch eine lineare Lesart erschließt. Das *WWW* wird als Hypertextsystem bezeichnet, obwohl dort nicht nur Texte, sondern auch Bilder, Videos etc. eingebunden sind.

*Internet:* technisch betrachtet ein Netzwerk von Computern. (vgl. den Beitrag von Barbara Schelkle, S. 21ff). Internetdienste sind z.B. *E-mail, WWW*, News (*Newsgroups*), *ftp, telnet* und *IRC*.

*IRC:* (Internet Relay Chat, engl. to chat = plaudern, schwatzen) Internetdienst, der eine direkte textbasierte Unterhaltung mit vielen TeilnehmerInnen ermöglicht - im Gegensatz zur zeitlich asynchronen Diskussion in den Newsgroups. IRC-Server sind in thematisch unterschiedliche Kanäle (channels) unterteilt.

*Link:* (engl. Verbindung) Gekennzeichneter Querverweis einer *WWW*-Seite, der beim Anwählen direkt die mit dem Verweis verknüpfte WWW-Seite lädt.

*Mailbox:* 1. persönliches Postfach für *E-mails*, 2. Rechner, der auch ohne Internetzugang per *Modem* und entsprechender Software angewählt werden kann, um Daten herunterzuladen oder an Diskussionsforen teilzunehmen (vgl. den Beitrag von Nora Bugdoll, S. 35ff).

*Mailboxnetz:* Netz von einzelnen Mailboxen, die regelmäßig Informationen austauschen. Meist verfügt einer dieser Rechner über einen Internetzugang. Mailboxnetze bieten i.d.R. den Internetdienst E-mail und Diskussionforen (Bretter) für einen gegenüber den *Newsgroups* eher eingeschränkten TeilnehmerInnenkreis (vgl. den Artikel von Nora Bugdoll, S. 35ff).

*Mailingliste:* abgeschlossene Diskussionsgruppe zu einem bestimmten Thema, die als *E-mail*-Verteiler realisiert ist. Damit können sowohl Internet- als auch MailboxnutzerInnen in die Liste eingetragen werden und teilnehmen (vgl. die Beiträge von Barbara Kleinen und Nora Bugdoll, S. 18f und S. 40).

*Modem*: (*Mo*dulator/*Dem*odulator) Gerät, das die digitalen Signale des Computers in akustische umwandelt, die per Telefonleitung übertragen werden können.

*MUD:* (Multi User Dungeon, in Anlehnung an die Abenteuerspiele ,Dungeons and Dragons') Textbasiertes Spiel, das vermittelt über das Internet von mehreren AnwenderInnen (Users) gleichzeitig gespielt werden kann. (vgl. den Artikel von Barbara Kleinen, S. 42ff)

*Newsgroup:* Internet-öffentliches Diskussionforum zu einem bestimmten Thema.

*Online-Dienst:* Kommerzieller Mailboxservice, der ein eigenes Informations- und Dienstleistungsangebot, meist aber auch Internetzugang bietet (und damit gleichzeitig *Provider* ist). Die bekanntesten Online-Dienste sind T-Online, American Online (AOL) und CompuServe.

*Protokoll:* Ein Protokoll legt Vereinbarungen für Datenformate und ihre Übermittlung fest (vgl. den Beitrag von Barbara Schelkle, S. 23).

*Server:* (engl. Diener) Programm (oder Rechner), das für andere, die *Clients*, Ressourcen wie z.B. Dateien oder Rechenzeit zur Verfügung stellt. (vgl. den Beitrag von Barbara Schelkle, S. 28)

*Provider:* Anbieter, der gegen Gebühren einen Zugang zum Internet zur Verfügung stellt.

*Suchmaschine:* Suchdienst für Internet-Ressourcen, insbesondere für WWW-Seiten. Bei Eingabe von Suchbegriffen werden diese mit den gespeicherten Worten einer automatisch erstellten Datenbank abgeglichen und z.B. passende WWW-Seiten ausgegeben. In den jeweiligen Datenbanken werden WWW-Seiten nach unterschiedlichen Kriterien katalogisiert und aktualisiert.

*TCP/IP:* (Transmission Control Protocol/Internet Protocol) Internet-Protokoll-Familie, die es ermöglicht, Dokumente unabhängig vom spezifischen Rechnertyp und Betriebssystem zu übermitteln (vgl. den Artikel von Barbara Schelkle, S. 22f)

*Telnet:* Internet-Dienst, der der AnwenderIn direkten Zugriff auf die Ressourcen anderer Rechner ermöglicht.

*URL:* (Uniform Ressource Locator) Adresse einer WWW-Seite (vgl. den Artikel von Barbara Schelkle, S. 29f)

*WWW:* (World Wide Web) Weltweites Netz von Dokumenten (Texte, aber auch Bilder, Töne, Videos), die durch *Links* verbunden sind. Ein WWW-Angebot (auch Web-Site genannt) besteht i.d.R. aus mehreren zusammenhängenden WWW-Seiten, die auf einem *Server* liegen.

# Autorinnen

*Corinna Bath,* Jahrgang 1963, Diplom-Mathematikerin, Grenzgängerin zwischen den Wissenschaften, zwischen Erwerbsarbeit und Ehrenamt, eine Auswahl: Ich bin fasziniert von Logik und Formalem, engagierte mich 1991-93 als Fachbereichsfrauenbeauftragte, arbeitete 1993-96 als wissenschaftliche Mitarbeiterin in Informatik und Gesellschaft sowie Mathematik an der TU Berlin, lehrte in den Seminaren ,Frauen und Mathematik', ,Das Geschlecht der Informatik', bin aktiv im Arbeitskreis feministische Naturwissenschaftsforschung und Kritik, war 1995-97 im Vorstand von NUT e.V. und habe die Tagung ,Frauen: Fliegen oder Spinnen im Netz? - Computernetze aus feministischer Sicht' mitorganisiert.
E-mail: corinna@nut.woman.de

*Nora Bugdoll,* Jahrgang 1973, studiert Politologie an der Freien Universität Berlin. Wurde „mit Mailboxnetzen groß" und ist aktiv im /CL-Netz und bei WOMAN. Seit Ende 1992 Schulungstätigkeit mit dem Schwerpunkt ,Computer für politische Arbeit nutzen', seit 1995 vornehmlich im Frauenbereich.
E-mail: nora.b@sirene.woman.de

*Barbara Kleinen,* Jahrgang 1969, Informatikerin und Shiatsu-Therapeutin. Während meines Studiums habe ich als Tutorin für Theoretische Informatik und in der Forschung Systemtechnik der Daimler-Benz AG gearbeitet. Mitorganisatorin des 19. Kongresses von Frauen in Naturwissenschaft und Technik in Berlin 1993 und der Tagung ,Frauen: Fliegen oder Spinnen im Netz - Computernetze aus feministischer Sicht', 1996.
E-mail: babajaga@cs.tu-berlin.de

*Tanja Paulitz,* Jahrgang 1966, Russistin und Pädagogin. Systembetreuerin der Mailbox FEMAIL und Dozentin im Frauen-Softwarehaus e.V., Frankfurt. Mitbegründerin des Frauen-Mailbox-Netzwerks WOMAN. Vorträge und Seminare zu Frauenvernetzung in Mailboxen und im Internet. Tätigkeit als Koordinatorin für Technikgestaltung und Internetaktivitäten in der Entwicklungszusammenarbeit in der GTZ, Eschborn. Derzeit Promotion.
E-mail: TANJA@femail.rhein-main.de

*Heidi Schelhowe,* Dr., Jahrgang 1949. Ich habe zunächst ein Studium in Germanistik und Katholischer Theologie abgeschlossen und war danach einige Jahre als Lehrerin tätig. Nach der Geburt meiner beiden Töchter habe ich Informatik studiert und mit dem Diplom abgeschlossen. Als Wissenschaftliche Mitarbeiterin arbeitete ich zunächst am Forschungszentrum Arbeit und Technik an der Universität Bremen, danach am Studiengang Informatik der Universität Hamburg (Arbeitsbereich Angewandte und Sozialorientierte Informatik). Seit dem 1.1.1997 arbeite ich als Hochschulassistentin an der Humboldt-Universität zu Berlin. Meine Forschungsschwerpunkte: sozialorientierte Gestaltung von Informationstechnik; Theorie der Informatik; Bildung und Informatik; Frauenforschung in der Informatik. Die Fachgruppe ‚Frauenarbeit und Informatik' in der Gesellschaft für Informatik habe ich mit aufgebaut und war einige Jahre deren Sprecherin. Ich habe zwei Tagungen zur Frauenforschung in der Informatik organisiert (1989 ‚Frauenwelt - Computerräume' an der Universität Bremen; 1994 ‚Erfahrung und Abstraktion' in Hamburg). In diesem Bereich habe ich auch eine Reihe von Veröffentlichungen. Meine Dissertation unter dem Titel: ‚Das Medium aus der Maschine. Zur Metamorphose des Computers' ist 1997 beim Campus-Verlag erschienen.
E-mail: schelhow@informatik.hu-berlin.de

*Barbara Schelkle,* Jahrgang 1967, studiert Informatik an der TU Berlin, arbeitet als Systemadministratorin in der Bibliothek des Wissenschaftszentrum Berlin für Sozialforschung, unterrichtet Frauen zu den Themen Internet und Unix.
Email: barbara@circe.wz-berlin.de

*Gabriele Winker,* Dr., Jahrgang 1956, ist Professorin für Arbeits- und Sozialwissenschaften am Fachbereich Maschinenbau/Automatisierungstechnik und Frauenbeauftragte der Fachhochschule Furtwangen. Als Grenzgängerin zwischen Soziologie und Informatik beschäftigt sie sich vor allem mit Ansätzen für eine frauengerechte Arbeits- und Technikgestaltung. Eines ihrer Hauptanliegen ist es, wissenschaftliche Ergebnisse aus der Frauenforschung mit politischem Handeln auf betrieblicher und gesellschaftlicher Ebene zu verbinden.
E-mail: win@fh-furtwangen.de

# Zur Schriftenreihe

Der Verein „Frauen in Naturwissenschaft und Technik e.V." verfolgt Ziele, die sich für die Einzelne oft widersprüchlich darstellen: einerseits die Verbesserung der Chancen von Frauen im naturwissenschaftlich-technischen Bereich, andererseits die Suche nach einer feministischen Naturwissenschaft und Technik. Anliegen des Vereins ist es, die berufliche Förderung von Frauen mit kritischen und feministischen Ansätzen in Naturwissenschaft und Technik zu verbinden. Kein leichtes Unterfangen, kommt es doch einem „Sägen am eigenen Ast" gleicht, kritische bzw. feministische Positionen im Beruf durchzuhalten.

Trotz dieser Schwierigkeiten liegt aber darin ein besonderes kreatives Potential: die zahlreichen Brüche, die sich durch das Leben von Feministinnen in Naturwissenschaft und Technik ziehen, werfen Fragen auf, die über feministische Aktivitäten in frauentypischen Bereichen oder kritische Ansätze in der männerdominierten Wissenschaft hinausweisen.

Mit der Schriftenreihe unterstützt NUT e.V. dieses kreative Potential von Frauen in Naturwissenchaft und Technik. Die Schriftenreihe bietet Raum zur Verbreitung und Diskussion von feministischen Analysen, Forderungen und Utopien aus dem Themenspektrum der Vereinsarbeit.

Band 1: Sarah Jansen, Naturwissenschaftlerinnen und Ingenieurinnen: Von der Forderung nach Gleichstellung zur feministischen Forschung. Wiesbaden 1991, 6,- DM, ist über die Geschäftsstelle zu beziehen, die Bände 2 und 3 sind im Talheimer Verlag erschienen (vgl. die folgenden Seiten).

NUT- Frauen in Naturwissenschaft und Technik e.V.
Haus der Demokratie, Friedrichstraße 165, D-10117 Berlin
Tel. 030/2044458, E-mail: NUT@nut.woman.de
http://nut.woman.de

# Frauen in Naturwissenschaft und Technik NUT e.V.

Der Verein wurde 1988 auf dem jährlich stattfindenden Kongreß von Frauen in Naturwissenschaft und Technik gegründet. Der Zusammenschluß erfolgte u.a. aus dem Bedürfnis der Naturwissenschaftlerinnen und Ingenieurinnen nach einer kontinuierlichen Interessenvertretung.

Vereinsziele und -aufgaben sind:

- Förderung und Unterstützung von Frauen in Naturwissenschaft und Technik;
- Sensibilisierung für die widersprüchlichen Lebenszusammenhänge von Frauen in von Männern geprägten Berufen;
- Abbau der Diskriminierung von Frauen in Ausbildung und Beruf;
- Feministische Kritik an Naturwissenschaft und Technik;
- Öffentlichkeitsarbeit zu den Auswirkungen männerdominierter Naturwissenschaft und Technik;
- Förderung der Entwicklung umwelt- und sozialverträglicher Alternativen in Naturwissenschaft und Technik;
- Informationsaustausch und interdisziplinäre Zusammenarbeit.

Die Mitfrauen des Vereins kommen u.a. aus den Bereichen Biologie, Chemie, Physik, Mathematik, Informatik, Maschinenbau und technischer Umweltschutz. Sie studieren oder sind im öffentlichen Dienst, in der Privatwirtschaft, in Forschung und Lehre oder als Selbständige tätig.

Einige Schwerpunkte der inhaltlichen Arbeit sind:

- Feministische Naturwissenschaftskritik,
- Nachhaltige Entwicklung,
- Informationstechnologien,
- Frauennetzwerke,
- Forschungs- und Technologiepolitik,
- Frauenuniversität.

**DAGMAR HEYMANN (HG.)**

# ELFENBISSE

## FEMINISTISCHE NATURWISSENSCHAFT

NUT – FRAUEN IN NATURWISSENSCHAFT UND TECHNIK E.V. SCHRIFTENREIHE • BAND 2 • 1995

Die Autorinnen dieses Bandes nehmen Partei für Denkansätze einer feministischen Naturwissenschaft. Sie üben als Wissenschaftlerinnen Kritik an den herrschenden Formen der Natur- und Ingenieurwissenschaft. Der feministische Ansatz rückt hierbei den subjektiven Standpunkt in den Vordergrund, „wissenschaftliche Grundlagen" wie scheinbare Objektivität, Neutralität und Unpersönlichkeit werden hinterfragt. ELFENBISSE enthält Beiräge von:
*Dagmar Heymann:* Einleitung • *Autorinnenkollektiv:* Feministische Naturwissenschaft - eine Einführung • *Jenny Kien:* Ist „unkonventionelle" Forschung von Frauen feministische Naturwissenschaft? • *Ester Tamm:* Naturwissenschaft und Geschlechterrolle oder: Wie wir aus einer Tugend wieder eine Not machen • *Dagmar Heymann:* Jungfrauen und Killer – die Macht der Darstellung in der Biologie • *Rosemarie Rübsamen:* Die Physik – Elemente zu einer feministischen Wissenschaft • *Petra Seibert:* Ist die Meteorologie eine feministische Musterwissenschaft? Oder: Warum die Meteorologie doch keine Atmosphärenphysik ist • *Eva Sassen:* Von der Bewegung zur Wissenschaft zur Bewegung ... Gelten die Postulate zur Frauenforschung auch in der biologischen Forschung? • *Gudrun Fischer:* Die Geschichte der feministischen Professur in den Naturwissenschaften an der Universität Bremen

*Dagmar Heymann (Hg.), Elfenbisse. Feministische Naturwissenschaft, NUT-Schriftenreihe Band 2, Mössingen-Talheim 1995, 168 Seiten, ISBN 3-89376-056-3, 32,00 DM*

**Moniko Greif / Kira Stein (Hg.)**

# INGENIEURINNEN

## DANIELA DÜSENTRIEB ODER FLORENCE NIGHTINGALE DER TECHNIK

Ist die Ingenieurin von heute mehr eine ‚Daniela Düsentrieb' oder mehr eine ‚Florence Nightingale' der Technik? Dieser eher humorvollen Frage setzen die Autorinnen harte Analysen ihrer Berufs- und Ausbildungssituation entgegen und werfen zudem einen feministisch geschärften Blick auf die Berufsbilder und die Inhalte der Ingenieurfächer. Die Innensicht der Autorinnen – alle arbeiten in naturwissenschaftlichen/technischen Bereichen – ermöglicht zudem neue Erkenntnisse über Veränderungspotentiale, die die Richtung hin zu einer demokratisch-gestalteten Technik weisen. INGENIEURINNEN enthält Beiträge von den Herausgeberinnen: Einführung • Janitha Molvaer/Kira Stein: Ingenieurin – warum nicht? Auszug aus einer interkulturellen Vergleichsstudie zu Berufsbild und Berufsmotivation zukünftiger Ingenieurinnen • Karin Reiche: Entwicklung der Situation von Ingenieurinnen und Ingenieurstudentinnen in den neuen Bundesländern seit der Wende • Kira Stein: Industriemanager zum Thema ‚Ingenieurinnen'. Interviews mit zwei Ingenieuren in betrieblichen Führungspositionen • Helene Götschel: Ingenieurinnenförderung in der Bundesrepublik der 60er Jahre • Moniko Greif: Zur Geschichte des Ingenieurberufes – wo waren die Frauen. (Militär)Technik, Macht und Männlichkeit oder: Der Krieg ist der Vater aller Dinge • Moniko Greif: Ansätze feministischer Technikkritik • Die Herausgeberinnen: Zielsetzungen und Ansatzpunkte

*Moniko Greif/Kira Stein (Hg.): Ingenieurinnen. Daniela Düsentrieb oder Florence Nightingale der Technik, NUT-Schriftenreihe, Band 3, Talheimer Verlag, Mössingen-Talheim 1996, 180 Seiten, ISBN 3-89376-060-1, 34,00 DM*